ERSTE HILFE - Schüleraustausch GROSSBRITANNIEN

ANKOMMEN & KLARKOMMEN!

von Lucy Taylor

Ernst Klett Sprachen GmbH
Barcelona • Belgrad • Budapest • Ljubljana • London • Posen • Prag • Sofia • Stuttgart • Zagreb

PONS
ERSTE HILFE - Schüleraustausch
GROSSBRITANNIEN

ANKOMMEN & KLARKOMMEN!

von Lucy Taylor

Auflage A1 5 4 3 2 1 / 2010 2009 2008 2007

© Ernst Klett Sprachen GmbH, Rotebühlstraße 77, 70178 Stuttgart, 2007
Internet: www.pons.de
E-Mail: info@pons.de
Alle Rechte vorbehalten.

Redaktion: Debby Rebsch
Logoentwicklung: Erwin Poell, Heidelberg
Logoüberarbeitung: Sabine Redlin, Ludwigsburg
Layout/Satz: Satzkasten, Dollenbacher & Müller, Stuttgart
Einbandgestaltung: VIER FÜR TEXAS * Ideenwerk, Frankfurt/Main
Druck: Clausen und Bosse, Leck
Printed in Germany
ISBN: 978-3-12-561301-0

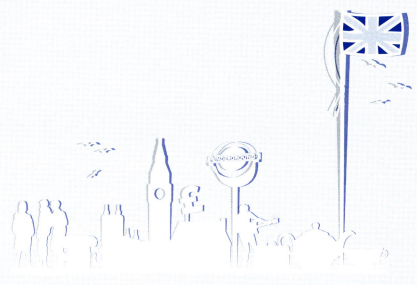

Inhaltsverzeichnis

Vorwort 7

Land und Leute
Großbritannien 8
Landeskunde 10
Deutschland / Germany 12
Sehenswürdigkeiten I 14
Sehenswürdigkeiten II 16
QUIZ I 18

Ankunft in der Familie
Häuser 20
Familienleben und Freizeit 22
Höflichkeit und Tabus 24
Intimes 26
QUIZ II 28

Essen und Trinken
Essen I 30
Essen II 32
Essen III 34
QUIZ III 36

Rund um die Schule
Schule I 38
Schule II 40
Schule III 42
QUIZ IV 44

Kommunikation und Medien
Post 46
Telefon I 48
Telefon II 50

Fernsehen	52
Radio und Zeitungen	54
QUIZ V	56

Freizeit und Reisen

Ausgehen	58
Öffentliche Verkehrsmittel I	60
Öffentliche Verkehrsmittel II	62
QUIZ VI	64

Einkaufen

Geld	66
Einkaufen I	68
Einkaufen II	70
QUIZ VII	72

Im Notfall

Notfälle	74
Gesetze und Polizei	76
Gesundheit I	78
Gesundheit II	80
QUIZ VIII	82

Anhang – Nützliches auf einen Blick

Umrechnungstabelle € – GBP – €	84
Kleidergrößen	85
Größen und Gewichte	86
Flüssigkeiten / Temperaturen (Celsius – Fahrenheit)	87
Feiertage / Bank Holidays	88
Redewendungen	89
Linkliste und Adressen	91
Für dich wichtig!	93

the-voyage – bringing young people together
Deutsch-britische Schul- und Jugendbegegnungen

eine neue bilaterale Regierungsinitiative für Schul- und Jugendbegegnungen

UK-German Connection – eure Anlauf- und Koordinierungsstelle für

- Informationen über Programmangebote
- Schulpartnerschaften und Jugendaustauschaktivitäten
- Berichte und Artikel über deutsch-britische Erfahrungen
- Fördermittel für bilaterale Projekte und Gruppenfahrten
- das deutsch-britische Jugendportal www.the-voyage.com und die Website für 'kids' (www.the-voyage.com/kids)

Create your own UK-German Connection!
Als 'voyage reporter' gibt es viele Möglichkeiten zur Mitgestaltung!

Kontakt: UK-German Connection, 34 Belgrave Square, London SW1X 8QB, Großbritannien
tel: +44 (0)20 7824 1570, info@ukgermanconnection.org, **www.ukgermanconnection.org**

HOTLINE:
0044 (0)20
7824 1570

UK-German Connection – Deutsch-britische Schul- und Jugendbegegnungen widmet sich der Förderung der Kontakte und des **Verständnisses zwischen** jungen Menschen aus Deutschland und dem Vereinigten Königreich. Es ist eine bilaterale Initiative der deutschen und britischen Regierung, British Council, dem Pädagogischen Austauschdienst und Goethe-Institut.

Vorwort

Hi!

Bald geht dein Abenteuer Schüleraustausch in Großbritannien los! Die Koffer sind schon gepackt und du bist bestimmt voller Vorfreude, aber vielleicht auch ein wenig nervös. Keine Sorge! Mit PONS Erste Hilfe Schüleraustausch kannst du vor Ort Wichtiges nachschlagen oder dich schon im Vorfeld schlau machen.

In diesem Buch findest du nicht nur Infos zu deinem Gastland, sondern auch viele hilfreiche Redewendungen und Wörter. Wörter, die sehr umgangssprachlich oder obszön sind, haben wir mit einem oder zwei Sternchen (*) markiert. Diese Wörter solltest du bitte nicht selber benutzen, aber verstehen musst du sie natürlich schon! Bei Wörtern, deren Aussprache dir vielleicht Probleme bereiten könnte, haben wir die Lautschrift hinzugefügt.

Nach jedem Themenblock kannst du auf den Quiz-Seiten dein Wissen anwenden und erweitern. Die Lösungen findest du jeweils in der rechten unteren Ecke. Die ‚Finde das heraus'-Fragen sollen dir helfen, ins Gespräch zu kommen oder interessante Dinge selber zu entdecken.

In einem neuen Land und einer anderen Familie wirst du auf Ungewohntes treffen: andere Länder, andere Sitten. Außerdem treffen in Großbritannien viele Kulturen aufeinander, was den Alltag sehr spannend macht. Dazu können dann auch ungewohnte Regeln kommen, an die du dich – dir und deiner Gastfamilie zuliebe – halten solltest. Deine Gastfamilie ist ja für dich verantwortlich und muss sich deshalb an bestimmte gesetzliche Vorgaben halten. Wenn du darauf achtest und den PONS Erste Hilfe Schüleraustausch dabei hast, kann ja nichts mehr schief gehen.

Enjoy your visit!

Deine PONS-Redaktion

Falls du Anregungen zu diesem Buch hast, kannst du uns über www.pons.de/schueleraustausch-gb kontaktieren. Unter allen Zuschriften verlosen wir einmal im Jahr 3 iPods und 20 Büchergutscheine á 25,00 EUR.

Großbritannien

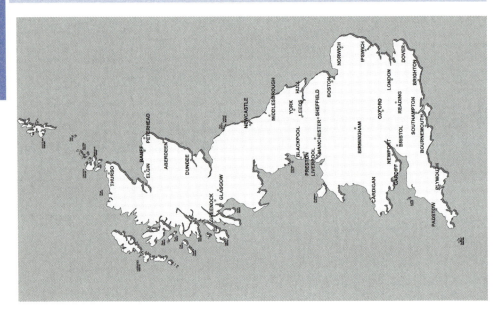

Redewendungen – Phrases

> *Great Britain* (Großbritannien) bezieht sich eigentlich auf die Insel, die aus *England*, *Scotland* und *Wales* besteht. Also, England ist nicht gleich Großbritannien(!). Das Vereinigte Königreich *(United Kingdom)* besteht aus Großbritannien und Nordirland.

What's the capital of …?	Was ist die Hauptstadt von …?
What's the population of …?	Wie viele Einwohner hat …?
What's the countryside around York like?	Wie ist die Landschaft rund um York?

Wörter – Words

county	Grafschaft
district	Bezirk
borough	Londoner Stadtbezirk
local authority	die Kommunalbehörde
rural	ländlich
urban	städtisch
the countryside	die Landschaft
the seaside	die Küste

Großbritannien

Großbritannien: Fakten und Zahlen

Sprache:	Landessprache: Englisch; Regionalsprachen: Walisisch, Gälisch
Einwohnerzahl:	58,9 Millionen
Hauptstadt:	London (7,5 Millionen Einwohner)
Andere Großstädte:	u. a. Birmingham (1,0 Millionen), Leeds (725,000)
Ethnische Minderheiten:	u. a. je 1 Million Einwohner aus der Karibik, Indien, Pakistan und Bangladesch
Staatsform:	Parlamentarische Monarchie
Staatsoberhaupt:	Königin Elizabeth II.
Premierminister:	Tony Blair (Rücktritt für 2007 angekündigt)
Fläche:	130.395 km²
Währung:	Pfund Sterling
Zeitzone:	UTC / GMT (eine Stunde hinter Deutschland)
Nationalhymne:	God Save the Queen
Religion:	christlich (70%), konfessionslos (15%), muslimisch (2,7%), Hindu u.v.a
Verkehrsrichtung:	links
Landesvorwahl:	+44

Weitere Infos gibt's z. B. unter www.the-voyage.com/d/infostand/index.html.

Das Wetter in Großbritannien

In Großbritannien herrscht ein gemäßigtes Klima *(temperate climate)* – im Sommer ist es feucht und warm, im Winter eher nass und kühl. Generell ist das Wetter aufgrund der Insellage sehr wechselhaft *(unsettled, changeable)*. An der Westküste und in den Bergen fällt der meiste Regen, an der Nordküste ist es normalerweise kälter und auch stürmischer. Im Südwesten herrscht das mildeste Klima. Regenschutz ist in Großbritannien immer angebracht – es regnet im Durchschnitt alle drei Tage. Im Winter schwanken die Temperaturen zwischen 1° und 5° Celsius, im Sommer kannst du Temperaturen von bis zu 30°C (oder sogar höher) erwarten, obwohl die Durchschnittstemperaturen schon im 20-er Bereich bleiben.

Redewendungen – Phrases

It's chucking* it down / It's peeing* / pissing** down.	Es regnet. / Es schüttet.
What lousy* / crap** weather!	So ein lausiges Wetter / Scheißwetter.
It's rainy / chilly / icy cold / stormy / dull.	Es ist regnerisch / kühl / eisig kalt / stürmisch / trübe.

Wörter – Words

fog / mist	Nebel
thunder and lightning	Donner und Blitz
sleet	Schneeregen
slush	Matsch
drizzle ['drɪzl]	Nieselregen
gust [gʌst]	Windbö

Landeskunde

Deutschland

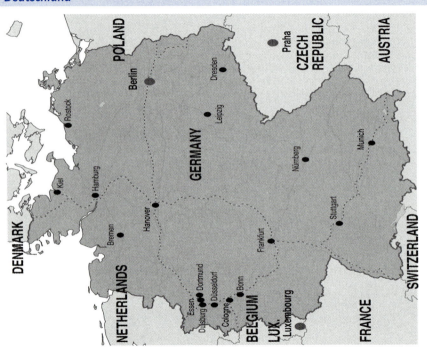

Wo du herkommst

Germany is divided into 16 federal states. Every state has a state capital.
  Deutschland besteht aus 16 Bundesländern. Jedes Land hat eine Landeshauptstadt.
Germany has a population of around 82,500,000. Berlin is the capital and has a population of 3,400,000.
  Deutschland hat 82.500.000 Einwohner. Die Hauptstadt Berlin hat 3.400.000 Einwohner.
It borders on Denmark, Poland, the Czech Republic, Austria, Switzerland, France, Luxembourg, Belgium and the Netherlands.
  Es grenzt an Dänemark, Polen, Tschechien, Österreich, die Schweiz, Frankreich, Luxemburg, Belgien und die Niederlande.
Germany is a federal republic with a parliamentary democracy.
  Deutschland ist eine Bundesrepublik mit einer parlamentarischen Demokratie.
The federal chancellor is Angela Merkel.
  Die Bundeskanzlerin heißt Angela Merkel.

Deutschland auf englisch

Hier sind nur die Bundesländer, Städte, Flüsse, Seen und Wälder aufgelistet, die im Englischen stark vom Deutschen abweichen.

Köln	Cologne	Bayern	Bavaria
München	Munich	Hessen	Hesse
Bodensee	Lake Constance	Mecklenburg-Vorpommern	Mecklenburg Western Pomerania
Helgoland	Heligoland	Niedersachsen	Lower Saxony
Nordsee	North Sea	Nordrhein-Westfalen	Northrhine-Westphalia
Ostfriesland	East Frisia	Rheinland Pfalz	Rhineland Palatinate
Donau	Danube	Sachsen	Saxony
Ostsee	Baltic Sea	Sachsen Anhalt	Saxony-Anhalt
Schwarzwald	Black Forest	Thüringen	Thuringia

London

Es gibt so viele Sehenswürdigkeiten in London – wir können hier leider nur ein paar davon erwähnen. Mehr Infos findest du aber unter: www.visitbritain.com oder www.visitlondon.com.

Palace of Westminster – Im Palace of Westminster befinden sich die *Houses of Parliament* sowie *Big Ben*. Es gibt Gruppenführungen durch den Palast, u. a. durch das *House of Lords* und das *House of Commons*, die aber im Voraus gebucht werden müssen. Adresse: Parliament Square, SW1 Internet: www.parliament.uk. Anreise: U-Bahnstation Westminster. Offizielle Führung (nur in den Sommermonaten): Erwachsene £7, Kinder £5.

Buckingham Palace – Im Sommer hat man die seltene Möglichkeit, die königliche Residenz von innen sehen zu können. Eine besondere Touristenattraktion ist natürlich auch die traditionelle Wachablösung *(Changing of the Guard)* vor dem Palast. Die State Rooms des Palastes, dazu gehört der Throne Room und die Picture Gallery, können besichtigt werden. Buckingham Palace Road, SW1. Internet: www.royalcollection.org.uk. Anreise: U-Bahnstationen Green Park, Victoria oder Hyde Park Corner. Öffnungszeiten: 09.45 - 18.00 Uhr, nur Ende Juli bis Mitte September. Preise: Erwachsene £15.00, Kinder £8.50.

Westminster Abbey – Eine prächtige gotische Kirche. Traditionell werden hier die Könige von England gekrönt und beigesetzt. Parliament Square, SW1. Internet: www.westminster-abbey.org. Anreise: U-Bahnstation Westminster. Öffnungszeiten: Mo. – Fr. 09.30 – 15.45 Uhr und Sa. 09.30 – 13.45 Uhr. Preise: Erwachsene £10, Kinder £7.

British Airways London Eye – Das 135 m hohe Riesenrad mit atemberaubender Aussicht hat sich zu einer der beliebtesten Attraktionen Londons entwickelt. Die Sicht kann bis zu 40 km reichen. Eine Fahrt (eine Umdrehung des Riesenrads) dauert ca. 30 Minuten. Jubilee Gardens, South Bank, SE1. Internet: www.ba-londoneye.com.
Anreise: U-Bahnstationen Waterloo, Westminster oder Charing Cross. Öffnungszeiten: Täglich 09.30 – 18.00 Uhr. Preise: Erwachsene £13.00, Kinder £6.50.

Trafalgar Square – Für viele das eigentliche Zentrum Londons. In der Mitte des Platzes steht das Admiral Nelson Denkmal, das an den Sieg der Engländer über die Franzosen in der Schlacht von Trafalgar erinnert. Trafalgar Square, WC2. Anreise: U-Bahnstationen Charing Cross oder Leicester Square.

> Mit einem *London Pass* hast du freien Eintritt zu über 50 Attraktionen – wie z. B. dem *Tower of London*, *St. Paul's Cathedral* usw. Preise: ab 1 Tag £20, 3 Tage £36, mit einer *Travelcard* kombiniert: 1 Tag £22, 3 Tage mit *Travelcard* £42. Mehr Infos unter: www.londonpass.com.

Wenn du in London unterwegs bist, denke daran, dass es sich um eine Großstadt handelt, in der das Tempo – wie in allen Großstädten – sehr hektisch und schnell ist. Sei deshalb besonders aufmerksam. Achte auf deine Taschen und bleibe bei der Gruppe. Und: nicht jeder ist zum Bummeln und *sightseeing* hier – viele wollen einfach nur schnell zur Arbeit oder wieder zurück nach Hause …

Stand Preise und Öffnungszeiten: Januar 2007

Sehenswürdigkeiten I

Sehenswürdigkeiten außerhalb von London

Stonehenge – das berühmteste prähistorische Monument Großbritanniens liegt bei Salisbury in der Grafschaft Wiltshire. Es wird vermutet, dass der älteste Teil um 3 000 vor Christus errichtet wurde. Warum Stonehenge gebaut wurde ist unklar – eine wahrscheinliche Erklärung ist, dass Stonehenge ein Sonnenkultzentrum war. Wegbeschreibung und Öffnungszeiten unter www.english-heritage.org.uk. Preise: Erwachsene £5.90, Kinder £3.00.

Giant's Causeway – liegt an der Nordküste von Nordirland in der Nähe von Portrush in der Grafschaft Antrim. Eine eindrucksvolle Formation von über 40 000 Basaltsäulen, die wie eine riesige Treppe ins Meer hineinführt. Der ‚Damm des Riesen' ist entstanden, als sich vor vielen Millionen Jahren glühende Lava ins Meer ergoss. Weitere Infos: www.irelandunveiled.com.

Der Hadrian's Wall – ein ehemaliger römischer Grenzwall, der sich über 120 Kilometer quer durch Nordengland, von Wallsend-on-Tyne im Osten bis nach Bowness im Westen, erstreckt. Anreise und weitere Infos unter: www.hadrians-wall.org.

Windsor Castle – Schloss Windsor ist das größte und älteste bewohnte Schloss der Welt und ist eine der offiziellen Hauptresidenzen des britischen Monarchen. Die Burg liegt in der Stadt Windsor in der Grafschaft Berkshire. Windsor, Berkshire, SL4 1NJ.
Öffnungszeiten: 09.45 – 17.15 Uhr.
Preise: Erwachsene £14.20, Kinder £8. Anreise und weitere Infos unter: www.windsor.gov.uk/attractions/castle.htm.

Blenheim Palace – gehört zu den größten und bekanntesten Schlössern Englands und liegt bei Woodstock in der Grafschaft Oxford-shire. 1874 wurde hier der berühmteste Premierminister Großbritanniens, Winston Churchill, geboren. Preise und Öffnungszeiten unter www.blenheimpalace.com.

Stand Preise und Öffnungszeiten: Januar 2007

Wörter – Words

opening times	Öffnungszeiten
admission fee	Eintritt
advance booking / reservation	Reservierung
guided tours	Führungen
educational facilities	Bildungsmöglichkeiten/-programm
refreshments	Restaurant / Erfrischungen
souvenir / gift shop	Souvenir-/ Geschenkeladen

Sehenswürdigkeiten II

1. Wortgitter

Finde 10 Begriffe, die alle mit Landeskunde zu tun haben. Die Wörter sind auch diagonal und sogar rückwärts im Wortgitter versteckt.

R	E	A	L	H	U	T	R	N	A	Y	F
O	U	E	E	R	U	O	U	L	O	E	F
L	Y	Y	T	N	U	O	C	T	D	N	C
L	R	C	C	E	B	A	L	E	A	P	R
E	N	U	I	G	P	O	R	B	L	S	I
C	D	C	R	I	I	A	R	N	A	C	G
N	O	I	T	A	L	U	P	O	P	H	H
A	L	A	S	O	L	T	D	S	U	L	I
H	L	F	I	A	A	P	F	D	A	G	L
C	L	N	D	I	E	L	G	R	C	C	H
H	H	S	C	O	C	S	L	D	L	U	A
I	C	T	B	N	C	L	L	R	O	R	L

2. Rätsel

Rate mal. Wie viele …

a. 1.700	b. 500.000	e. über 600
c. 5.000.000	d. über 200	

☐ 1. … Museen gibt's in London?
☐ 2. … Zimmer gibt's im Buckingham Palace?
☐ 3. … Überwachungskameras gibt's in London?
☐ 4. … Parks gibt's in London?
☐ 5. … Schafe gibt's in Wales?

3. Finde heraus ...

... was es mit deiner Gaststadt so auf sich hat. Frage deine Gastfamilie oder schaue ins Internet.

1. Wie viele Einwohner hat die Stadt?
2. Was sind die bekanntesten Sehenswürdigkeiten?
3. Welche Events gibt es jedes Jahr in der Stadt / Region?
4. Was sind typische Speisen / Getränke für die Stadt / Region?
5. Welche bekannte Firmen haben in der Stadt ihren Sitz?
6. Ist die Stadt historisch bekannt? Wofür?
7. Wann ist die Stadt entstanden?
8. Stammen berühmte Menschen aus der Stadt? Welche?

Lösungen:
1. borough, capital, chancellor, county, district, federal, population, rural, seaside, urban
2. 1.d; 2.e; 3.b; 4.a; 5.c

Britische Häuser

Mietwohnungen in Großbritannien sind selten und die Mieten teuer. Die meisten Briten haben das Glück, ein eigenes Häuschen zu besitzen. Es gibt viele große Neubausiedlungen *(estates)* außerhalb der Städte, mit tausenden Reihenhäusern *(terraced houses)*, Doppelhäusern *(semi-detached houses)* oder Einfamilienhäusern *(detached houses)*, alle von einer Firma im gleichen Stil gebaut.

Die Unterschiede

Insgesamt sind die Häuser sehr viel kleiner, die Zimmer natürlich auch; die Treppen sind schmal und recht steil.

Die Briten haben andere Steckdosen *(plugs)*, und zwar dreipolige. Du brauchst also einen Adapter-Stecker *(adaptor plug)*, wenn du mitgebrachte Elektrogeräte benutzen willst. Die europäischen zweipoligen Steckdosen siehst du vielleicht im Bad, aber Vorsicht: sie sind nur für Rasierapparate geeignet, nicht etwa für den Fön. Außerdem gibt es aus Sicherheitsgründen an jeder Steckdose noch einen Ein- und Ausschalter.

Eine seltsame Eigenschaft der britischen Badezimmer sind die zwei getrennten Wasserhähne *(taps)*. Mischbatterien sind immer noch selten. Dies führt oft dazu, dass der ungeübte Benutzer sich eine Hand verbrennt und die andere abfriert.

Wir bleiben im Badezimmer: aus irgendeinem Grund funktioniert's mit dem Wasserdruck in den meisten britischen Häusern nicht, wie es sollte. Haare waschen unter der Dusche kann deshalb langwierig werden ...

Außerdem lieben die Briten ihre Teppichböden: ob auf der Treppe, im Flur, sogar im Badezimmer gibt es Teppich.

Redewendungen – Phrases

Are you going to be long (in the bathroom)?
  Brauchst du noch lange (im Bad)?

Can you get the phone / door?
  Kannst du ans Telefon gehen / die Tür aufmachen?

I need to use the loo* [luː] / bog*!
  Ich muss mal!

Wörter – Words

stairs	Treppe / Treppenhaus	wallpaper	Tapete
hall(way)	Flur (im EG)	light switch	Lichtschalter
landing	Flur (im 1. Stock)	lightbulb	Glühbirne
loft	Dachboden	doorbell	Türklingel
patio ['pætiəʊ]	Terrasse	radiator ['reɪdieɪtər]	Heizkörper
carpet	Teppichboden		
rug	Teppich		
duvet ['duːveɪ] / blanket	(Bett-)decke		
laminate ['læmɪnət]	Laminat		
parquet ['pɑːkeɪ] wooden flooring	Parkett		

Häuser

Familienleben

Da britische Kinder bis 16.00 Uhr in der Schule sind, arbeiten die meisten Mütter halbtags oder sogar ganztags. Gekocht wird deshalb oft schnell, vielleicht nicht immer frisch – Stichwort *convenience food* (Fertiggerichte). Wundere dich nicht, wenn nicht alle zusammen essen, wenn der Fernseher im Hindergrund läuft, oder wenn sogar vor dem Fernseher gegessen wird. Fernsehen spielt überhaupt eine wichtige Rolle im britischen Leben. Es wird vor dem Fernseher und über das Fernsehen diskutiert. Aktuelle Witze und Sprüche aus beliebten Sendungen werden schnell in den Alltag und in die englische Sprache integriert, meistens aber nur für kurze Zeit.

Die Briten sind sehr gastfreundlich und behandeln ihre Gäste als Mitglieder der Familie. Trotzdem solltest du am Anfang gleich absprechen, ob es der Familie recht ist, wenn du dich selbstständig bedienst, Freunde zu Besuch hast, lange telefonierst oder rauchst. Es beugt einfach Missverständnissen vor …

Sport und andere Freizeitaktivitäten

Die Briten sind Sportfanatiker, egal ob sie selber spielen oder nur Zuschauer sind, sei's *football* (Fußball), *rugby*, *cricket*, *golf*, *horse races* (Pferderennen) oder *darts* (Dart). Und Sport ist nicht nur Männersache: Frauen und Kinder fiebern genauso mit.

Familien gehen oft lieber einkaufen als spazieren. Am Wochenende werden Freunde zum Essen eingeladen. Brettspiele *(board games)* sind bei allen Altersgruppen beliebt. Bei schönem Wetter findet man die Briten im Garten wo sie am Abend gerne *BBQs* [ˈbɑːbɪkjuː] (Grillpartys) veranstalten.

Redewendungen – Phrases

Do you mind if I help myself or should I ask?
Macht's euch was aus, wenn ich mich selbst bediene, oder soll ich fragen?

Would you mind if I had some friends over?
Macht's euch was aus, wenn ich ein paar Freunde einlade?

Do you think I could have another blanket / towel?
Könnte ich vielleicht noch eine Decke / ein Handtuch haben?

I'm really tired – I think I'll go to bed.
Ich bin total müde. Ich glaube, ich gehe schlafen.

I'm a bit homesick.
Ich habe ein bisschen Heimweh.

I miss my family / my boyfriend / girlfriend.
Ich vermisse meine Familie / meinen Freund / meine Freundin.

Could you maybe turn up / down the heating in my room?
Könntest du in meinem Zimmer die Heizung hoch- / herunterdrehen?

The bed's a little bit soft / hard.
Das Bett ist ein bisschen weich / hart.

I'm finding it hard to understand things.
Mir fällt's schwer, euch zu verstehen.

Familienleben und Freizeit

Höflichkeit

Die Briten sind ein äußerst höfliches Volk. Das merkst du vor allem in der U-Bahn *(tube)*, wenn du unabsichtlich jemanden anrempelst und diese Person *sorry* sagt. Überhaupt wird viel Wert drauf gelegt, oft *please*, *thank you* und *sorry* zu sagen. Für viele Deutsche klingt das Ganze zu aufgesetzt und etwas schleimig, aber Kulturen lassen sich nicht so einfach übersetzen …

Ansonsten sollte man es vermeiden zu direkt zu sein. Um den heißen Brei herumreden ist ganz üblich in Großbritannien. Übrigens, man sollte sich in einer Warteschlange *(queue* [kju:]*)* auch immer hinten anstellen.

Tabus

Manche Verhaltensweisen, die in Deutschland auch nicht als angenehm empfunden werden, gelten in Großbritannien als sehr unhöflich. Dazu gehören, die Hand beim Gähnen *(yawn)* nicht vorm Mund zu halten und in der Nase zu popeln *(pick your nose)*. Auf keinen Fall solltest du auf die Straße spucken *(spitting)* oder jemandem den Stinkefinger zeigen *(give someone the finger)*.

No sex please, we're British!

Die Briten reden gerne über Sex. Junge Frauen ziehen sich leicht und sehr knapp an. Seltsamerweise haben aber oft viele Briten ein Problem mit Nacktheit. Öffentliche Saunas sind nicht sehr beliebt und in den Sammelumkleidekabinen versucht man sich umzuziehen ohne Haut zu zeigen. Die Deutschen gelten als viel offener. Komischerweise haben aber die meisten Zimmertüren kein Schloss. Gut zu wissen.

Wörter – Words

polite / impolite / rude
  höflich / unhöflich / unverschämt

two-finger salute [səˈluːt]
  wie der ‚Stinkefinger', aber der Zeigefinger wird noch dazu genommen (Vorsicht: sehr vulgär)

to fart* / let rip*
  furzen

burp* [bɜːp] / belch [beltʃ]
  rülpsen

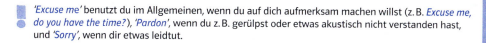

to shit** / to crap** / to poo* [puː] / to do a number 2*
  scheißen / kacken

to pee* / to piss** / to do a number 1
  pinkeln / pissen*

arse** / bum* / behind / bottom
  Arsch / Hintern

> Dadurch, dass die Briten sehr häufig fluchen und weil im Fernsehen auch oft geflucht wird, werden Kraftausdrücke im Alltag mehr verwendet als in Deutschland.

'Excuse me' benutzt du im Allgemeinen, wenn du auf dich aufmerksam machen willst (z. B. *Excuse me, do you have the time?*), 'Pardon', wenn du z. B. gerülpst oder etwas akustisch nicht verstanden hast, und 'Sorry', wenn dir etwas leidtut.

Safe Sex

Bestimmt muss dir niemand sagen, wie wichtig es ist, geschützten Sex zu praktizieren. Über die möglichen Folgen von ungeschützem Sex, nämlich AIDS, unerwünschte Schwangerschaft und Geschlechtskrankheiten wollen wir hier gar nicht reden. Also, Kondome kann man problemlos überall kaufen. Die bekanntesten Marken heißen z. B. Durex® oder Mates® (Kostenpunkt ca. £2.30 für 3 Stück). Ansonsten sollte es klar sein, dass du nicht mit jemandem nach Hause gehst, den du gerade kennen gelernt hast; dass du aufpasst, wenn du Alkohol trinkst; dass du bei der Gruppe bleibst, und so weiter.

Die Tage

Die „Tage" *(period)* sind eine eher unangenehme Zeit. Noch dazu bist du jetzt in einem fremden Land. Falls du Hygieneartikel mitgenommen hast, ist das schon mal erledigt. Wenn nicht, keine Panik: erzähle es ruhig deiner Gastmutter oder Austauschpartnerin. Sie werden dir bestimmt helfen können. Alternativ kannst du in jedem Supermarkt oder in jeder Drogerie Tampons, Binden und Schmerzmittel kaufen. Achtung: Tampons gibt's in Großbritannien in den Größen *Regular* (Normal), *Super* und *Super Plus* und meistens nur mit Applikator. Lilets® z. B. sind aber ohne Applikator.

Tampons: z. B. Tampax® gibt es in der 12er Packung für ca. £1.10

Binden: z. B. Always® gibt es in der 12er Packung für ca. £1.50

Schmerzmittel: z. B. Nurofen® (Ibuprufen) Tabletten (16 St.) kosten ca. £1.50

> Sowohl Kondome also auch Binden oder Tampons können in den meisten öffentlichen Toiletten an Automaten gezogen werden.

Redewendungen – Phrases

I've got my time of the month / my period.
  Ich habe meine Tage.

Have you got a tampon / sanitary towel / painkiller for me?
  Hast du bitte einen Tampon / eine Binde / eine Schmerztablette für mich?

I've got bad period pains. I think I'll stay at home if that's ok.
  Ich habe schlimme Regelschmerzen. Wenn's euch nichts ausmacht, bleibe ich zu Hause.

Wörter – words

condom	Kondom
the curse*	die Regel (wörtlich: der Fluch!)
tampon	Tampon
(sanitary) towels ['taʊəlz]	Binden
cramps	Krämpfe
hot water bottle	Wärmflasche
panty liners	Slipeinlagen

Intimes

1. Häuser

Die Buchstaben in den weißen Kästchen ergeben ein Wort, welches auch mit Häusern zu tun hat.

1. Das findest du im 1. Stock. ☐☐☐☐☐☐☐
2. Teppichboden … ☐☐☐☐☐
3. Draußen im Garten, wo man im Sommer grillt. ☐☐☐☐☐☐
4. Eingangsbereich. ☐☐☐☐
5. Brauchst du, um z. B. Licht ein- und auszuschalten. ☐☐☐☐☐☐☐
6. Eine Birne, aber nicht die essbare Variante. ☐☐☐☐☐☐☐☐
7. Hochwertiger Bodenbelag. ☐☐☐☐☐☐☐
8. Hat man in jedem Zimmer, meistens unterm Fenster. ☐☐☐☐☐☐☐☐☐

Lösungswort: ☐☐☐☐☐☐☐☐

2. Was sagst du … (Ordne die blauen Redewendungen den passenden schwarzen zu.)

1. … wenn du Heimweh hast?
2. … wenn du vor der ganzen Familie rülpst?
3. … wenn du in der U-Bahn jemanden unabsichtlich berührst?
4. … wenn du mal musst.
5. … wenn ein paar Freunde dich abends besuchen möchten?
6. … wenn's dich friert?

a. I need to use the bathroom / loo.
b. I'm feeling a bit homesick.
c. I'm a bit cold – could you maybe turn up the heating?
d. Pardon.
e. Is it alright if I have some friends round / over?
f. Sorry.

3. Finde heraus …

Frage deine Gastfamilie. Was sagt man in britischer Umgangssprache für …

1. Toilette _____
2. stehlen _____
3. lügen _____
4. Geld _____
5. Kleid _____
6. Pickel _____
7. müde _____
8. Klasse! _____
9. gut aussehend _____

Quiz II

Lösungen:
1. 1. landing, 2. carpet, 3. patio, 4. hall, 5. switch, 6. lightbulb, 7. parquet, 8. radiator
2. 1.b; 2.d; 3.f; 4.a; 5.e; 6.c
Lösungswort: detached
3. Hier einige mögliche Antworten: 1. loo, bog; 2. to nick; 3. to fib, 4. dosh; 5. frock; 6. zit; 7. knackered, whacked; 8. cool! wicked!; 9. hot, gorgeous, sweet

Wir haben Hunger, Hunger, Hunger ...

Andere Länder, andere Sitten *und* andere Speisen. Was anders ist, ist nicht unbedingt schlecht, nur gewöhnungsbedürftig. Probier's doch einfach ...

In Großbritannien gibt's morgens zum Frühstück *(breakfast)* Cerealien *(cereals)*, Toast mit Orangenmarmelade *(marmelade)*, *Marmite*® (Hefeextraktaufstrich), andere Aufstriche *(spreads* [spreds]*)* und vielleicht Rührei *(scrambled egg)* oder gekochte Eier *(boiled eggs)*. Das berühmte *British Breakfast, Fried Breakfast* oder *Fry-up* (Bacon, Würstchen, Spiegeleier, gebratene Pilze, Tomaten, gebackene Bohnen *(baked beans)* und Brot) ist sehr zeitaufwändig und wird oft nur am Wochenende (wenn überhaupt) gegessen. Britisches Weißbrot ist sehr weich und schmeckt den meisten Deutschen überhaupt nicht. ‚Richtiges' Brot findet man manchmal im Supermarkt als *Continental bread* (europäisches Brot) oder im Feinschmeckerladen *(delicatessen)*. Zum Frühstück trinkt man Schwarztee *(tea)*, Kaffee (oft löslicher Kaffee – *instant coffee)*, Kakao *(cocoa* [ˈkəʊkəʊ]*)*, Saft *(juice)* oder Sirup *(squash* [skwɒʃ]*)*.

Zu Mittag *(lunch* oder *dinner)* isst man meistens einen kalten Snack: Sandwiches mit den unterschiedlichsten Belägen, Chips *(crisps* – Vorsicht: *chips* sind Pommes) in tausend Geschmacksrichtungen oder *pies* (Pasteten).

Beim Abendessen *(tea / dinner / supper)* gibt's dann etwas Warmes: so wie in Deutschland, aber oft mit Pommes. Dazu Softdrinks (oft *pop* genannt), Sprudel *(sparkling water* oder *mineral water)* oder Säfte.

Redewendungen – Phrases

What's for dinner?	Was gibt's zum Abendessen?
I'm starving.	Ich sterbe vor Hunger.
I'm really not that hungry.	Ich bin nicht wirklich hungrig.
I'm completely full / stuffed*.	Ich bin total satt.
I don't really like …	Eigentlich mag ich … nicht wirklich.
That's not really my thing.	Das ist nicht so mein Ding.
That's delicious [de'lɪʃəs] / yummy ['jʌmi].	Das ist super lecker.
It tastes like …	Das schmeckt wie …
Would you like a cuppa ['kʌpə]?	Möchtest du eine Tasse Tee?

> Achtung: Marmite® ist salzig und <u>sehr</u> gewöhnungsbedürftig!

Wörter – Words

sarnie* / butty* ['bʌti]	Sandwich
pickle	eingelegte Gemüse
herbal tea / fruit tea	Kräutertee / Früchtetee

> Sehr verwirrend: Dinner bedeutet in manchen Haushalten Mittagessen, in anderen Abendessen!

Essen I

Takeaways

Essen zum Mitnehmen *(takeaway)* ist in Großbritannien genauso verbreitet wie hierzulande, obwohl das traditionelle Lieblingsgericht der Briten mittlerweile vom indischen Curry-Gericht überholt wurde: Chicken Tikka Masala statt Fish 'n' Chips. Die Zeiten ändern sich halt …

Currysorten

Es gibt unterschiedliche Currysorten, die man meistens entweder als Gemüse- *(vegetable)*, Huhn- *(chicken)*, Lamm- *(lamb)* oder Garnelen- *(prawn)* Curry bestellen kann.

Korma	milder Curry mit Mandeln und Kokosmilch
Rogan Josh	mittelscharfer Curry mit Tomaten
Bhuna	mittelscharfer Curry mit Gemüse
Jalfrezi	mittelscharfer Curry mit Zwiebeln
Madras	scharfer Curry
Vindaloo	sehr scharfer Curry

Wenn du's eher traditionell magst …

steak and kidney pie	Pastete mit Rindfleisch und Rindernierchen
shepherd's pie	Auflauf aus Lammhack und Kartoffelpüree
haggis	gefüllter Schafsmagen (schottische Spezialität)
bread and butter pudding	Nachtisch aus in Milch eingeweichten Brotscheiben und Rosinen
trifle	geschichtete Nachspeise

Redewendungen – Phrases

What's your favourite food?	Was ist dein Lieblingsessen?
Is this a traditional dish?	Ist dies ein traditionelles Gericht?
You're a very good cook.	Du kochst sehr gut.
Let's order some food.	Lass uns was zu essen bestellen.
Chinese doesn't agree with me.	Chinesisches Essen bekommt mir nicht.

Wörter – Words

mint sauce	Minzsauce (Gibt's meistens zum Lamm.)
horseradish sauce	Sahnemeerrettich
gravy	Bratensauce
Yorkshire pudding	Gericht aus Pfannkuchenteig (Beilage zum Roastbeef)
custard	Vanillesoße (Nicht zu verwechseln mit mustard. Das ist Senf.)
casserole ['kæsərəʊl] / stew	Auflauf
fried	(in der Pfanne) gebraten
deep-fried	frittiert
boiled	gekocht
roast	(im Ofen) gebraten

! Hot heißt auf Englisch ‚heiß', aber auch ‚scharf'. Die Briten fragen oft: *Is it hot hot* (heiß) *or spicy hot* (scharf)?

Essen II

Sonderwünsche

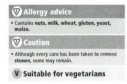

Ob Vegetarier oder Veganer: in Großbritannien hat man im Vergleich zu Deutschland eine Riesenauswahl an Produkten, auch in jedem Supermarkt. Den Hinweis *'Suitable for vegetarians'* (für Vegetarier geeignet) sieht man oft sowie *'Gluten-free'* ['gluːtən friː] (glutenfrei) oder *'Lactose-free'* ['læktəʊs friː] (laktosefrei).

Diabetiker aufgepasst: *'Diet'* [daɪət] im Produktnamen heißt *kalorienarm* oder *light* (z. B. *Diet Coke*) und <u>nicht</u> Diät. Dafür steht *'Suitable for diabetics'*.

Tischmanieren

Die Briten sind in Sachen Etikette am Tisch vielleicht ein bisschen konservativer und strenger als die Deutschen. Das meiste kennst du von zu Hause, aber bevor du versehentlich jemanden beleidigst, hier zur Erinnerung:

- Einige Familien sprechen das Tischgebet *(grace)* vor dem Essen. Musst du natürlich nicht, aber ein ‚Amen' am Ende wäre vielleicht nicht verkehrt.
- Beginne erst zu essen, wenn die anderen damit angefangen haben.
- Ellenbogen auf dem Tisch wird als unhöflich empfunden.
- Sprich nicht mit vollem Mund.
- Iss mit Messer *und* Gabel (die Gabel in der linken Hand).
- Sage, wenn das Essen serviert wird, und nach dem Essen *'Thank you'*.

> Falls du während der Mahlzeit mal kurz raus musst, dann steh am besten nicht einfach wortlos auf, sondern füge ein *'Excuse me for a moment, please.'* hinzu.

Redewendungen – Phrases

Let's say grace.	Lasst uns das Tischgebet sprechen.
Thank you for a lovely meal.	Das Essen war klasse – danke.
Where should I sit?	Wo soll ich sitzen?
I'm allergic to …	Ich bin allergisch gegen …
Can I be excused? / Can I get up?	Darf ich aufstehen?
Could you pass me the salt and pepper, please?	Könntest du mir bitte Salz und Pfeffer reichen?
Would you like me to lay / set the table?	Soll ich den Tisch decken?
Would you like seconds?	Möchtest du eine 2. Portion / einen Nachschlag?
I'm full.	Ich bin satt.
It's not quite my thing.	Das ist nicht so mein Geschmack.
I'm sorry, but I don't really like this.	Tut mir leid, aber das schmeckt mir nicht wirklich.

Wörter – Words

pudding / dessert / afters	Nachtisch
allergy	Allergie
intolerance	Unverträglichkeit
place mat	Platzdeckchen
coaster	Untersetzer

> **Pudding** heißt Nachspeise im Allgemeinen und nicht nur Pudding.

1. Klingt lecker!

Horizontal – Across

2. Sprudel heißt … water.
4. britisches Lieblingsgetränk (Umgangssprache)
6. mildes Currygericht
10. zwei Scheiben Brot mit 'was dazwischen (Umgangssprache)
11. Nachspeise mit vielen Schichten
12. ein Muss zum Roastbeef
13. Getränk, das mit Wasser verdünnt werden muss.

Vertikal – Down

1. schottische Spezialität aus Schafsmagen
2. total satt (Umgangssprache)
3. Lecker!
5. allgemeiner Begriff für Desserts
7. 'For what we're about to receive, may the Lord make us truly thankful, Amen.'
8. Essen zum Mitnehmen
9. So kann man Eier auch essen.

2. Sortierspiel

Was kriegst du zum Frühstück, was zum Abendessen? Ordne die folgenden Gerichte den Mahlzeiten zu.

bacon, boiled eggs, cereals, cocoa, pies, crisps, curry, pizza, fish 'n' chips, pop, Marmite®, sandwiches	Breakfast	Lunch	Dinner

3. Finde das heraus ...

Unten findest du eine Liste britischer Speisen. Frage deine Gastfamilie, um welche Gerichte es sich handelt und wie sie zubereitet werden. Schreibe auf, ob das Gericht in der Pfanne gebraten *(fried)*, frittiert *(deep-fried)* oder im Schmortopf *(casseroled)* gegart wird.

a. onion rings _____

b. Irish stew _____

c. bubble and squeak _____

d. pork chops _____

e. beef stroganoff _____

f. doughnuts _____

g. Lancashire hot-pot _____

h. chips _____

i. Cumberland sausage _____

> **Lösungen:**
> 1. Across: 2. sparkling, 4. cuppa, 6. korma, 10. samie, 11. trifle, 12. gravy, 13. squash
> Down: 1. haggis, 2. stuffed, 3. yummy, 5. pudding, 7. grace, 8. takeaway; 9. scrambled
> 2. breakfast: bacon, Marmite®, cereals, cocoa, boiled eggs
> lunch: crisps, pies, sandwiches
> dinner: fish 'n' chips, pop, pizza, curry
> 3. fried: c, d, i.
> deep-fried: a, f, h.
> casseroled: b, e, g.

Das Schulsystem

Zur Schule muss man in Großbritannien ab dem 5. und bis zum 16. Lebensjahr gehen. Es gibt zwei parallele Schulsysteme: die staatlichen Schulen *(state schools)*, die kostenlos sind, und die privaten Schulen *(private schools)*, die Gebühren erheben. *Primary Schools* sind für 5- bis 11-jährige, *Secondary Schools* für 11- bis 16- oder 18-jährige. Letztere sind entweder *Grammar Schools* oder *High Schools* (beide dem Gymnasium ähnlich) oder *Comprehensive Schools* (der Gesamtschule ähnlich). *Sixth Form Colleges* oder *Colleges of Secondary Education* erweitern das Schulsystem für 16- bis 18-jährige.

Die vier Länder des Vereinigten Königreiches haben eigene Schulsysteme, die aber sehr viele Gemeinsamkeiten haben. So wird in England nach einem einheitlichen Lehrplan *(National Curriculum)* unterrichtet. Er beinhaltet vier Stufen *(Key Stages)*. *Key Stage 3* z. B. gilt für 11- bis 14-jährige, *Key Stage 4* für 14- bis 16-jährige. Der Lernstand jedes Schülers wird durch landesweite Prüfungen, genannt *Sats*, mit dem vorgesehenen Lernniveau verglichen.

Klassen und Abschlüsse

In staatlichen englischen und walisischen Schulen kommen 11-jährige in die siebte Klasse *(Grade 7)*. In schottischen Schulen heißt dieser Jahrgang *S1*, während es in privaten Schulen viele verschiedene Bezeichnungen dafür gibt.

Im Alter von 15 oder 16 schreiben die meisten Schüler *GCSE*-Prüfungen (ähnlich der Mittleren Reife) (Schottland: *Standard Grades*), mit 17 oder 18 die *GCE A Levels* oder die schottischen *Higher Grades* (ähnlich dem Abitur). *A Levels* und *Higher Grades* werden benötigt, um an einer Universität zu studieren.

Redewendungen – Phrases

Which school do you go to?	In welche Schule gehst du?
What class/form/grade are you in?	In welcher Klasse bist du?
What GCSEs are you taking?	In welchen Fächern schreibst du deine GCSE Prüfung?
I'm leaving school before the sixth form.	Ich verlasse die Schule vor der Oberstufe.
I'm hoping to go to Oxford Uni.	Ich versuche einen Platz an der Uni Oxford zu bekommen.

Wörter – Words

primary school	Grundschule
boarding school	Internat
sixth Form College / College of further Education	Oberstufe
Sats (Standard Assessment Tests)	Prüfung zur Bewertung von Schülern
comp* (Comprehensive School)	(ähnlich Gesamtschule)
pass	bestanden
fail	durchgefallen

> In Großbritannien werden die Arbeiten mit A-F benotet, A ist die beste Note, F steht für fail = durchgefallen.

Das Schuljahr

Das Schuljahr läuft von September bis Juli und wird in drei Semester *(terms)* unterteilt. In der Mitte jedes Semesters hat man eine Woche Ferien *(half-term holiday)*.

Der Schultag

Hier in Großbritannien kannst du ein paar Minuten länger im Bett bleiben: die Schule fängt erst zwischen 08.30 und 09.00 Uhr an. Einige Schulen fangen mit einer *assembly* (Morgenandacht) an, andere hören damit auf. Auf jeden Fall werden die Namen aufgerufen *(taking the register)* bevor die erste Stunde *(lesson* oder *period)* losgeht. In manchen Schulen dauert eine *lesson* 60 Minuten, in anderen nur 45 Minuten. Dies ist von Schule zu Schule unterschiedlich. Es gibt Einzelstunden *(single lessons)* und Doppelstunden *(double lessons)*. Um ca. 10:30 Uhr vormittags geht's in eine Pause *(break* oder *recess* ['riːses]*)* von ca. 20 Minuten. Zwischen 13.00 und 14.00 Uhr gibt's eine Mittagspause *(lunch break)* von ca. 40 Minuten. Die Schule geht danach weiter, normalerweise bis 16.00 Uhr.

Fächer

Welche Fächer *(subjects)* auf dem Stundenplan *(timetable)* stehen, hängt von der Schule ab. Der Stundenplan könnte neben *English*, *Maths* oder *French* die folgenden Fächer beinhalten: *Science* (Naturwissenschaft), *Games* (Sport), *Physical Education* oder *P.E.* (Turnen), *Drama* (Theater AG), *Religious Studies* oder *R.E.* (Religion), *I.C.T.* (Informatik) oder *Citizenship* (Sozialkunde).

Redewendungen – Phrases

What are you doing at half-term?	Was machst du in den ‚kleinen' Ferien?
Have you got Science today?	Hast du heute Naturwissenschaften?
We've got a free next.	Die nächste Stunde ist eine Freistunde.
What homework have we got in Maths today?	Was haben wir heute in Mathe auf?
Do you want to come to lunch with us?	Willst du mit uns essen gehen?
The bell's about to go.	Es klingelt gleich.

Wörter – Words

school prefect ['priːfekt]	Aufsichtsschüler
form prefect	Klassensprecher
head boy / head girl	Schulsprecher / in
school nurse / matron ['meɪtrən]	Krankenschwester (in der Schule)
canteen / refectory [rɪˈfektəri]	Kantine

Schule II

Schuluniform

Die meisten Schulen in Großbritannien haben ihre eigene Schuluniform *(uniform)*. Heutzutage ist die ‚Uniform' meistens nichts anderes als ein blaues Sweatshirt und eine blaue Hose. Du musst sie natürlich nicht tragen. Schmuck und andere Wertsachen sind oft im Unterricht verboten – dafür gibt es extra Schließfächer *(lockers)*.

Freizeit

Obwohl viele Sportarten, Kunst, Musik und Theater auf dem Lehrplan stehen, gibt es nach der Schule viele Vereine *(clubs)*, Gruppen und Chöre. Es wird erwartet, dass Schüler auch an solchen Veranstaltungen teilnehmen.

Sonstiges

- *'School Dinners'* (Schulessen) kannst du in der Cafeteria *(canteen / refectory)* kaufen, musst du aber nicht. Viele Schüler bringen etwas zu essen *(packed lunch)* mit.
- In manchen privaten Schulen gibt's an Samstagvormittagen auch Unterricht.
- Nachsitzen wegen schlechten Benehmens heißt auf englisch *to have detention*.
- Fälle von Mobbing *(bullying* ['bʊliɪŋ]*)* werden grundsätzlich nicht toleriert und streng bestraft. Du solltest *bullying* auf jeden Fall dem Klassenlehrer oder Schulleiter *(headteacher / headmaster / headmistress)* melden.

Redewendungen – Phrases

What clubs are you in?	In welchen Vereinen bist du?
There're hamburgers for lunch today.	Zu Mittag gibt's Hamburger.
Chris has been picking on me.	Chris hackt auf mir herum.
They keep making fun of me.	Sie machen sich ständig über mich lustig.
They've been telling jokes about Germans.	Sie machen Witze über die Deutschen.

Wörter – Words

swot* [swɒt]	Streber
nerd* [nɜːd]	Streber / Freak
teacher's pet	der Lieblingsschüler (des Lehrers)
class clown	Klassenkasper

QUIZ IV

1. Was ist das Lösungswort?

Wenn du alle acht Worte richtig errätst, ergeben die Buchstaben in den weißen Feldern ein Wort, das mit dir viel zu tun hat.

1. Das Schuljahr wird in drei ☐ ☐ ☐ ☐ ☐ aufgeteilt.
2. Die Oberstufe. ☐ ☐ ☐ ☐ ☐ ☐ ☐ ☐ ☐
3. Britische Prüfung ☐ ☐ ☐ ☐
4. Die meisten britischen Kinder besuchen diese Art von Schule. ☐ ☐ ☐ ☐ ☐ ☐ ☐ ☐ ☐ ☐ ☐ ☐ ☐
5. Ein beliebtes Fach. ☐ ☐ ☐ ☐ ☐ ☐
6. Oops! Da bleibt einer heute ein bisschen länger in der Schule. ☐ ☐ ☐ ☐ ☐ ☐ ☐ ☐ ☐
7. Ein Schulform in der Sekundarstufe. ☐ ☐ ☐ ☐ ☐ ☐ ☐ ☐ ☐ ☐ ☐ ☐ ☐ ☐
8. Physik, Chemie und co. ☐ ☐ ☐ ☐ ☐ ☐ ☐ ☐

Lösungswort: ☐ ☐ ☐ ☐ ☐ ☐ ☐ ☐

2. Der Schultag

Bringe diese Schulabläufe in die richtige Reihenfolge.

| bell for 1st lesson | break | clubs | final bell | lunch | register |

1. _____ 3. _____ 5. _____

2. _____ 4. _____ 6. _____

3. Was meinst du...

Fülle diese Tabelle aus, zusammen mit deinem Austauschpartner oder mit der Gastfamilie.

Die Vorteile britischer Schulen sind:	The advantages of German schools are:

Lösungen:
1. 1. terms; 2. sixth form; 3. GCSE; 4. comprehensive; 5. drama; 6. detention; 7. grammar school; 8. science; Lösungswort: exchange
2. 1. register; 2. bell for 1st lesson; 3. break; 4. lunch; 5. final bell; 6. clubs
3. Hierzu gibt's natürlich keine richtige oder falsche Antwort. Es ist Ansichtssache.

Quiz IV

Briefe und Postkarten schicken

Filialen der Royal Mail *(post offices)* sind in der Regel montags bis freitags von 09:00 – 17:30 Uhr geöffnet, und samstags von 09:00 – 13:00 Uhr. Das Verschicken von Postkarten und Briefen innerhalb Großbritanniens kostet 32p *First Class* (die schnellere Variante) und 23p *Second Class* (etwas langsamer). Beides kostet nach Deutschland 44p. Briefmarken *(stamps)* kannst du entweder bei der Post oder in Zeitschriftenläden und Supermärkten kaufen. *Post boxes* (Briefkästen) sind noch die altbekannten – groß und rot.

Internet Cafés und Bibliotheken

Falls Du ins Internet willst und bei der Gastfamilie keinen Internetzugang *(internet access* ['ɪntənet 'ækses]*)* hast, kannst du natürlich auch ein Internet-Café aufsuchen. Diese findest du in den meisten Städten. Die Kosten variieren stark und liegen zwischen £1.50 und £5.00 pro Stunde. Normalerweise beschränkt sich die Gebühr auf den reinen Internetzugang. Alles weitere, z. B. Scannen usw., kostet extra.

Wer kein Internet-Café in der Nähe findet, kann auch in einer öffentlichen Bibliothek *(public library)* ins Internet. Diese haben in der Regel montags bis freitags von 09:00 – 17:00 Uhr geöffnet. Surfen kannst du hier kostenlos. Allerdings sind die Zeiten beschränkt auf 30 – 60 Minuten.

Redewendungen – Phrases

Could you tell me where the nearest post box is, please?
Können Sie mir sagen, wo der nächste Briefkasten steht?

Could I have a First Class / 44p stamp, please?
Ich hätte gerne eine ‚First Class'/ 44p Briefmarke bitte.

How much would it cost to send this to Germany?
Wie viel würde es kosten, dies nach Deutschland zu schicken?

How do I print something on this computer?
Wie kann ich etwas ausdrucken?

Can I write / toast* a CD Rom?
Darf ich eine CD-ROM brennen?

How long can I use the internet for?
Wie lange darf ich das Internet benutzen?

Wörter – Words

mail	Post	overseas	ins Ausland
postcard	Postkarte	delivery	Lieferung
envelope	Umschlag	postcode	Postleitzahl
parcel	Paket	collection	Abholung
small parcel / package	Päckchen	urgent ['ɜːðənt]	dringend

Telefonzellen

Die alten roten Telefonzellen *(telephone boxes)* sieht man mittlerweile leider nur recht selten. Die modernen Telefonzellen heißen *payphones* und haben unterschiedliche Formen und Farben, abhängig vom Anbieter.

BT (British Telecom) ist Großbritanniens größter Telefonanbieter. Sie bietet *standard payphones* (Standardtelefonzellen), *text and e-mail payphones*, mit denen du nicht nur telefonieren, sondern auch SMS Nachrichten *(text messages)* und E-Mails verschicken kannst und *internet kiosks* (Internetzellen), mit denen du telefonieren, SMS verschicken und auch im Internet surfen kannst.

In einer modernen Telefonzelle sieht alles recht fremd aus: Auf einem Bildschirm wirst du gefragt, ob eine text message (SMS) oder e-mail verschicken willst. Erst als letztes wirst du gefragt, ob du telefonieren willst. Auch das Wählen ist etwas gewöhnungsbedürftig, denn hier gibt es eine komplette Tastatur *(keyboard)*, in der die Zahlen in der obersten Reihe nebeneinander stehen.

Ein Anruf kostet mindestens 30p (ins Inland). Anrufe ins Ausland sind natürlich teurer: mindestens £1.50. Eine SMS kostet 10p pro Nachricht, Internetzugang £1 für 15 Minuten.

In manchen *payphones* kannst du mit Bargeld *(cash)* bezahlen. Hier steht oft ein Schild *'coin-operated'* (Münztelefon). Telefonzellen akzeptieren 10p, 20p, 50p, £1 und manchmal auch £2 Münzen. Manche nehmen sogar 50c, €1 und €2 Münzen.

Redewendungen – Phrases

Insert your card / more coins
  Karte einstecken / Münzen nachwerfen

Remove your card
  Karte entnehmen

Pick up the phone
  Hörer abnehmen

Dial a number
  Nummer wählen

Put down the phone / hang up
  Hörer auflegen

The number you have dialled is not available / is engaged.
  Der Teilnehmer ist zurzeit nicht erreichbar / ist besetzt.

You have 20p credit left.
  Sie haben noch ein Guthaben von 20p.

 In Birmingham, Manchester, London und am Fughafen London-Heathrow gibt es einige BT Telefonzellen, von denen du sogar eine halbminütige Videomail verschicken kannst. Mehr dazu unter:
www.payphones.bt.com/publicpayphones/videomail.htm

Britische Telefone klinge(l)n anders

- Bevor du wählst, warte auf einen kontinuierlich hohen Ton – dies ist das Amtszeichen *(dialling tone)*.
- Wenn du eine englische Nummer gewählt hast, hörst du ein wiederholtes Doppelklingelzeichen *(ringing tone)*, wenn die Nummer frei ist, oder
- einen wiederholten Einzelton, wenn die Nummer besetzt *(engaged)* ist.
- Wenn dein Guthaben verbraucht ist, hörst du eine Reihe kleiner Piepstöne *(pips* [pɪps]*)*.

Vorwahlen

Die Landesvorwahl *(country code)* für Deutschland ist 0049, für Großbritannien 0044.

Wichtige Ortsvorwahlen *(area codes)* sind z. B.:
London – 020, Birmingham – 0121, Manchester – 0161, Oxford – 01865.

Billiger telefonieren

Vom britischen Festnetz *(landline)* aus telefonierst du automatisch innerhalb Großbritanniens nach 18:00 Uhr und am Wochenende billiger, ab 20:00 Uhr und am Wochenende auch ins Ausland. Du kannst aber auch mit Billigvorwahlen *(access numbers)* z. B. von Telediscount oder Justphone sehr günstig nach Hause telefonieren. Außerdem kannst du eine Guthabenkarte z. B. von Go bananas kaufen. Dann wählst du deinen persönlichen *access code (*steht auf der Karte) und telefonierst das Guthaben ab.

Nützliche Telefonnummern und Links:
Auskunft (National): 118 500
Auskunft (International): 118 505
R-Gespräch (Kosten zahlt der Empfänger): 0800+ die Tasten, die REVERSE buchstabieren (0800 + 7383773)
z. B. Telediscount: www.telediscount.co.uk
z. B. Justphone: www.justcallthrough.co.uk

Redewendungen – Phrases

Can I make a call to Germany?
  Darf ich nach Deutschland telefonieren?

Could I use the phone, please?
  Darf ich das Telefon benutzen?

I'll send you a text.
  Ich schicke dir eine SMS.

Please key in the number you wish to dial and finish by pressing the hash button.
  Bitte geben Sie die erwünschte Rufnummer ein und drücken Sie dann die Rautetaste.

I'll give you a bell later.*
  Ich rufe dich später an.

Wörter – Words

mobile phone	Handy
text / text message	SMS
connection	Verbindung
hash button [hæʃ ˈbʌtᵊn] / hash key	Rautetaste
credit	Guthaben
landline	Festnetz

! Was es dich kostet, dein Handy im Ausland zu benutzen und ob du besondere Einstellungen ändern musst, klärst du am besten vor deiner Abreise beim jeweiligen Anbieter.

BBC & Co.

Es gibt fünf öffentliche Sender *(channels)* in Großbritannien: zwei ohne Werbung, nämlich BBC 1 und BBC 2 und drei mit Werbung (ITV 1, Channel 4 und Channel 5). Alle bieten ein bunt gemischtes Programm an. Die beliebtesten Sendungen *(programmes)* sind oft *soaps* (Seifenopern), vor allem Eastenders (BBC 1, 19:30 Uhr) und Coronation Street (ITV, 19:30 Uhr). Viele Sendungen wirst du gleich erkennen: ‚DSDS' heißt Pop Idol und ‚Let's Dance' heißt Strictly Come Dancing. Dazu gibt es die üblichen Handwerkersendungen *(DIY* [ˌdiːaɪˈwaɪ] *shows)* und Reality Shows.

Freeview / Kabel und Satellit

Deine Gastfamilie hat wahrscheinlich entweder einen digitalen Receiver (z. B. Freeview), Satellitenfernsehen (z. B. BSkyB) oder Kabelfernsehen, damit sie viele zusätzliche Programme empfangen kann.

Die Briten verbringen viel Zeit vor der Flimmerkiste *(box)*. Fernsehen kann dir aber helfen, dein englisches Hörverständnis zu verbessern. Mach dir keine Sorgen, wenn du nicht jedes Wort verstehst. Ein Tipp: Manchmal hilft es, wenn du die Untertitel dazu liest.

Redewendungen – Phrases

What's on TV?	Was kommt im Fernsehen?
Do you mind if I switch over to ITV?	Macht's dir / euch was aus, wenn ich auf ITV umschalte?
Have you got a TV guide?	Habt ihr eine Fernsehzeitschrift?
Can you record this for me, please?	Kannst du diese Sendung bitte für mich aufnehmen?
What channels can you get?	Welche Programme habt ihr?
I don't understand what's going on.	Ich verstehe nicht, worum es geht.
My favourite film / show is …	Mein Lieblingsfilm / Meine Lieblingssendung ist …

Wörter – Words

advert	Werbung / Werbespot	children's tv	Kinderfernsehen
news	Nachrichten	box* / telly*	Flimmerkiste / Glotze
report	Reportage	subtitles	Untertiteln
documentary	Dokumentation	remote control [rɪˈmeʊt kənˈtrəʊl]	Fernbedienung
thriller	Krimi	channel surfing	zappen
film	Spielfilm		

Fernsehen

Radio

Neben verschiedenen landesweiten Radioprogrammen *(radio stations)*, z. B. BBC Radio 1 (Charts, Pop), Radio 2 (80er, 90er) usw. strahlt die BBC eine Reihe von Lokalsendern aus. Wie auch in Deutschland gibt es noch eine Menge privater Radiosender, wie z. B. Virgin Radio (Rock), Capital FM (Pop) oder Galaxy 105 (Hip Hop).

Zeitungen und Zeitschriften

In Großbritannien erscheinen zehn Tageszeitungen und zwölf Sonntagszeitungen, die in ihrem Anspruch sehr unterschiedlich sind. Im Allgemeinen kann man zwischen dem ernsthaften Journalismus, den *broadsheets* und den so genannten *tabloids* ['tæblɔɪdz] oder *gutter press* ['gʌtər pres] unterscheiden. Bei den *broadsheets* gibt es u.a. die sehr konservative Daily Telegraph und Times, die liberale Independent und die links-liberale Guardian. Auflagenstärker sind aber die *tabloids*: The Sun (offen antieuropäisch), Mirror (Blair-Kritiker) und Star (links-orientiert), Daily Mail und Daily Express (politische Mitte), die sich dem neuesten Promiklatsch und den Gerüchten um die königliche Familie sowie dem einen oder anderen ‚Busenwunder' widmen.

In Großbritannien gibt es eine lange Tradition von guten Musikzeitschriften. Heutzutage sind die bekanntesten u.a. NME (Rock/Alternativ), Q (Rock / Pop) und HHC (HipHop). Jugendzeitschriften gibt's auch jede Menge (z.B. CosmoGirl!, Bliss oder Sugar).

Redewendungen – Phrases

Can I listen to the radio, please?	Darf ich Radio hören?
Do you know where I can buy a German newspaper?	Wisst ihr, wo ich eine deutsche Zeitung kaufen kann?
Can I have the sports section, please?	Kann ich bitte den Sportteil haben?

Wörter – Words

article	Artikel
magazine	Zeitschrift
headline	Schlagzeile
page 3	Seite 3 (Auf der 3. Seite der ‚Sun' gibt's immer ein ‚oben ohne' *(topless)* Bild.)

Falls du am 1. April (April Fool's Day) in Großbritannien sein solltest, schau dir auf jeden Fall mal eine Tageszeitung genauer an. Kaum eine Zeitung kann es sich verkneifen, in einer Werbeanzeige oder einem Artikel die Öffentlichkeit mal so richtig zu verschaukeln.

Radio und Zeitungen

1. Wortgitter

Finde zehn Begriffe, die mit der Post zu tun haben. Die Wörter sind auch diagonal und sogar rückwärts im Wortgitter versteckt.

B	K	R	J	E	P	O	L	E	V	N	E
P	H	Y	T	N	T	N	E	G	R	U	K
O	J	Y	R	E	V	I	L	E	D	M	S
S	H	V	R	Y	O	F	F	I	C	E	A
T	M	C	E	H	N	T	O	D	Y	O	E
C	O	L	L	E	C	T	I	O	N	S	S
O	C	L	M	V	C	K	I	G	S	K	R
D	M	O	E	J	S	G	P	A	A	O	E
E	J	L	M	C	B	N	L	P	S	J	V
A	D	J	T	A	R	C	F	R	F	M	O
H	R	T	E	L	I	A	X	K	Y	B	F
W	J	C	P	T	U	L	P	O	G	Y	K

2. Telephoning

Wie telefoniert man von einer Telefonzelle aus? Nummeriere diese Vorgänge von 1 – 6.

- ☐ a. Put down the phone
- ☐ b. Hear the engaged tone
- ☐ c. Insert your card
- ☐ d. Pick up the phone
- ☐ e. Remove your card
- ☐ f. Dial a number

3. Finde das heraus ...

In welchen TV Programmen (BBC 1, ITV 1 oder Channel 4) kommen die folgenden Sendungen? Frage deine Gastfamilie oder schaue in die Fernsehzeitung *(tv guide)*.

BBC 1   ITV 1   Channel 4

a. Eastenders
b. Hollyoaks
c. Grand Designs
d. Emmerdale
e. Match of the Day
f. Casualty
g. Deal or no Deal
h. Dancing on Ice
i. Heartbeat
j. Panorama
k. Who wants to be a Millionaire?
l. Celebrity Big Brother
m. Just the two of us
n. The X Factor
o. 10 Years Younger

Lösungen:
1. class, collection, delivery, envelope, mail, office, overseas, parcel, postcode, urgent
2. d, c, f, b, a, e
3. BBC 1: a, e, f, j, m; ITV 1: d, h, i, k, n; Channel 4: b, c, g, l, o.

Kneipen

In Kneipen darfst du nur, wenn du mindestens 18 Jahre alt bist. Viele größere Kneipen haben Türsteher *(bouncers* ['baʊnsəz]*)*, die dich nach deinem Ausweis *(ID* [ˌaɪdi:]*)* fragen werden. Obwohl es in vielen Kneipen nicht unbedingt eine Kleiderordnung *(dress code)* gibt, solltest du wissen, dass die Briten sich gerne fein machen, auch für einen Kneipenbesuch. Generell wird sehr schnell sehr viel getrunken. Obwohl die Öffnungszeiten für Kneipen gelockert wurden, bleiben die meisten Kneipen nur bis 24 Uhr auf. In Kneipen musst du die Getränke an der Theke bestellen, bezahlen und mitnehmen. Das Barpersonal *(barmen* und *barmaids)* erwartet kein Trinkgeld – man lädt sie eher zu einem Getränk ein. Ab Sommer 2007 gilt in Großbritannien das Rauchverbot in öffentlichen Gebäuden. Dann darf nur noch in ausgewiesenen Raucherecken *(designated smoking areas)* geraucht werden.

Diskos

Wie bei Kneipen, musst du 18 Jahre alt sein, um einen *club* (Achtung: auf Englisch sagt man *disco* nur zu Schuldiskos oder Kinderdiskos) zu betreten. Es ist ein teurer Spaß mit Eintrittspreisen von ca. £8 und noch dazu mit Getränken, die teurer sind als in den Kneipen. Ein paar Tipps: vor 22 Uhr kommst du meistens umsonst rein, Mädchen kommen bei den *Ladies Nights* umsonst oder zum halben Preis herein. Achte auch auf die *Happy Hour* Zeiten. Meistens geht man direkt von den Kneipen in die *clubs* – es gibt lange Warteschlangen und die Türsteher lassen nicht jeden rein, schon gar nicht wenn man Sportschuhe *(trainers)* oder Kapuzenpullis *(hoodies* [hʊdiz]*)* trägt. Deine Sachen lässt du am besten in der Garderobe *(cloakroom* – kostet ca. £1). Es werden meistens keine Flaschengetränke oder Getränke in Gläsern verkauft, da es in der Vergangenheit zu Verletzungen bei Schlägereien *(fights)* kam. *Alcopops* sind in Großbritannien auch sehr beliebt und kosten zwischen £3/4. Auch in Clubs heißt es oft ‚Rauchen verboten' *(No Smoking)*. Britische Diskos machen gegen 2 Uhr dicht – dann ist der mittlerweile fast traditionelle *kebab* (Kebap) angesagt.

Bier kauft man als *pint* (ca. 0,5 l) oder *half* (ca. 0,25 l). Du hast dann die Wahl zwischen *lager* (wie Pils/Export), *bitter* oder *ale* (wie Alt), *stout* [staʊt] (z. B. Guinness), *cider* ['saɪdər] (Apfelwein) oder *lager shandy* (Radler).

Essen gehen

In Großbritannien kann man gut und günstig essen gehen – man muss nur wissen wo. Am besten fragst du deine Gastfamilie oder schaust nach den Sonderaktionen, die es immer wieder bei z. B. Pizza Hut, Harvester oder Beefeater Restaurants gibt. In manchen indischen Restaurants heißt es *'a pint and a curry for £4'* (0,5 l Bier und ein Curry-Gericht für £4). Die *'All you can eat'* (iss so viel du kannst) Angebote sind natürlich auch immer sehr beliebt ...

 Übrigens, wenn man die Aufmerksamkeit der Bedienung auf sich lenken möchte, dann reicht ein *Excuse me!* Winken oder *Hello!* rufen kommt sehr schlecht an.

Redewendungen – Phrases

Have you got any ID?	Kannst du dich ausweisen?
... and have one yourself.	... und ein Getränk für dich. (statt Trinkgeld)
Two pints of lager / lemonade, please	Zwei Bier / große Limos bitte.
Can we have the bill, please?	Können wir bitte bezahlen?

Wörter – Words

last orders	letzte Runde	locals	Stammgäste
booze* [bu:z]	Alkohol	tip	Trinkgeld
tipsy / drunk / pissed*	betrunken	menu	Speisekarte
landlord / landlady	Wirt / Wirtin	three course meal	Drei-Gänge-Menü

Ausgehen

Öffentliche Verkehrsmittel I

Züge

Britische Bahnstrecken werden von verschiedenen Firmen betrieben. National Rail ist der kollektive Name dieser Firmen. National Rail leidet unter einem sehr schlechten Ruf: Züge kommen immer verspätet an oder werden abgesagt. Das Bahnnetz ist allerdings relativ gut ausgebaut und kann, wenn du deine Reise im Voraus planst, sehr günstig sein. Die Fahrpreise variieren natürlich stark, abhängig vom Ziel und davon wie weit im Voraus du die Karte kaufst. Es gibt Tageskarten *(cheap day single/return)*, Sparkarten *(saver single/return)*, ja sogar Supersparkarten *(super saver single/return)*. Mehr zu Sonderangeboten und Spezialtarifen findest du unter: www.nationalrail.co.uk.

Reisebusse

Für diejenigen, die mehr Zeit haben, sind die britischen Reisebusse *(coaches)* eine günstige, wenn auch nicht so bequeme, Alternative zur Bahn. Die Fahrt mit dem Reisebus von Birmingham nach London dauert z. B. ca. 3 Stunden, eine Rückfahrkarte für einen 14-jährigen Schüler kostet dafür nur ca. £10. Die Reisebusse verkehren zwischen allen größeren Städten und sind vor allem bei Studenten und jungen Leuten beliebt. Alle Reisebusse haben ein WC und auf den meisten Strecken gibt's kleine Snacks und Getränke zu kaufen. Bekannte Reisebusfirmen sind u. a. National Express (www.nationalexpress.co.uk) und Stagecoach (www.stagecoach.co.uk).

Stadtbusse

Die guten alten roten Doppeldecker gibt's leider nur noch als Touristenattraktion in London. Die Stadtbusse *(bus)* von heute sehen aus wie die deutschen Busse, nur nicht so lang und nicht so modern. Generell zahlt man direkt beim Fahrer (die Fahrkarte muss nicht entwertet werden). Achtung: die meisten Fahrer geben kein Restgeld – es muss passend bezahlt werden. In der Regel gibt's auch keinen Bildschirm, der die aktuelle Haltestelle anzeigt, und keine Durchsage. Frage den Fahrer oder andere Fahrgäste, wenn du dir nicht sicher bist, wo du aussteigen sollst. Es gibt außerdem nur eine Tür: man steigt vorne ein und aus. Und beim Aussteigen bedankt man sich beim Fahrer.

Redewendungen – Phrases

Tickets please!	Die Fahrkarten bitte!
A single / return to Manchester, please.	Eine Einzel- / Rückfahrkarte nach Manchester bitte.
When does the next train to Bristol leave?	Wann fährt der nächste Zug nach Bristol?
Do I have to change?	Muss ich umsteigen?
Can you tell me when we get to …?	Können Sie mir an der Haltestelle … Bescheid sagen?

Wörter – Words

conductor / ticket collector	Schaffner
travel information	Reiseauskunft
return ticket	Rückfahrkarte
single ticket	Hinfahrkarte
fare [feər]	Fahrpreis
timetable	Fahrplan
platform	Bahn- / Bussteig
fare dodger [feər 'dɒðər]	Schwarzfahrer

Ein Stadtbus hält nicht an jeder Haltestelle. Vor allem nicht, wenn es sich um einen *Request Stop* (Wunschhaltestelle) handelt. Da musst du dann im Bus den Halteknopf drücken, bzw. an der Haltestelle den Arm rausstrecken, um zu zeigen, dass du mitfahren willst.

Öffentliche Verkehrsmittel I

Die Londoner U-Bahn

Die Londoner U-Bahn (*underground* oder *tube* [tju:b]) fährt täglich bis zu 20 Stunden und ist die einfachste Methode, bis Mitternacht in der Hauptstadt herumzufahren. Fahrkarten gibt's an Automaten oder am Schalter (*ticket office*) zu kaufen – sie öffnen dann die Sperren in den U-Bahn-Stationen.

Faltpläne für das gesamte U-Bahn-Netz bekommst du umsonst an den Fahrkartenschaltern aller Bahnhöfe. U-Bahnen Linien sind nach der Himmelsrichtung gekennzeichnet, in die sie fahren: *northbound* (nach Norden), *southbound* (nach Süden), *eastbound* (nach Osten), *westbound* (nach Westen).

Einfache und Rückfahrkarten sind relativ teuer. Es lohnt sich, nach den Preisen der verschiedenen (Mehr-)Tageskarten (*travelcards*) zu schauen. Die gibt's für einen, drei oder sieben Tage. Eine tolle Sache ist auch die *Oyster Card*, bzw. die *under-16 Oyster* [ˈɔɪstər] *Card*, ein wieder aufladbarer pay as you go Fahrausweis, mit dem du überall viel billiger fahren kannst. Jugendliche unter 16 Jahre z. B. zahlen für eine einfache Fahrt mit der *Oyster Card* nur ca. 50p. Die *Oyster Card* hat noch den Vorteil, dass du sie nicht in die Sperren am Ein- bzw. Ausgang stecken musst, sondern nur über das Sensorfeld auf dem Automaten hältst (du musst die Karte nicht einmal aus dem Geldbeutel nehmen).

Was du sonst noch über die U-Bahn wissen sollst: Das Rauchen ist überall (streng!) verboten. Schwarzfahren kann man nicht, da die Sperren ohne gültige Fahrkarte gar nicht aufgehen, auch wenn man zu weit gefahren ist (außerdem gibt es eine saftige Strafe). Und Vorsicht: Die Tube ist ein beliebter Aufenthaltsort von Taschendieben (*pickpockets*). An einigen Stationen betreiben Fahrkarten-Schwarzhändler, so genannte *Ticket Touts* [taʊt], ihr Geschäft. Das sind Kriminelle, die es nur auf unwissende Touristen abgesehen haben. Und dann solltest du wissen, dass du auf der Rolltreppe immer <u>rechts</u> stehen sollst und links gehen. Vor allem zu den Hauptverkehrszeiten (*rush hour*) könntest du einige Leute sonst so richtig nerven …

Redewendungen – Phrases

Which line do I take for Trafalgar Square?
  Welche Linie muss ich zum Trafalgar Square nehmen?

Excuse me, can you help me with the ticket machine?
  Entschuldigung, können Sie mir mit dem Automaten helfen?

What's the nearest tube station to the Tate Gallery?
  Welche U-Bahn-Station ist der Tate Gallery am nächsten?

Mind the gap! (Durchsage beim Einsteigen)
  Vorsicht Lücke! (wörtlich: Denken Sie an die Lücke.)
  Gemeint ist die Lücke zwischen Bahnsteig und Zug.

Wörter – Words

escalator ['eskəleɪtər]	Rolltreppe
to board / get on	einsteigen
to alight [ə'laɪt] / get off	aussteigen
to change	umsteigen
staff [stɑːf]	Mitarbeiter / Personal

Öffentliche Verkehrsmittel II

1. Wortgitter

Finde zehn Begriffe, die mit dem öffentlichen Nahverkehr zu tun haben. Die Wörter sind auch diagonal und sogar rückwärts im Wortgitter versteckt.

U	E	N	F	T	R	F	G	A	T	E	N
E	R	R	F	C	R	N	E	U	R	N	L
R	N	B	O	R	E	C	T	T	D	R	L
A	P	A	O	U	T	G	C	G	P	T	P
A	C	L	S	A	U	S	N	O	E	G	R
H	U	I	A	I	R	D	F	A	R	E	C
M	G	G	A	T	N	D	F	T	H	L	A
H	D	H	A	G	F	G	A	E	A	C	I
D	T	T	N	N	N	O	L	G	D	O	D
P	D	N	U	O	R	G	R	E	D	N	U
R	L	H	R	P	A	I	E	M	A	I	H
T	A	F	G	P	A	G	N	A	H	O	M

2. Was sagst du …

1. Wenn du eine große Limo bestellen möchtest?

2. Wenn du deine Jeansjacke an der Garderobe abholen möchtest?

3. Wenn du der Frau / dem Mann hinter der Theke Trinkgeld geben möchtest?

4. Wenn du wissen willst, ob es Ladies Night ist?

5. Wenn du dem Mädchen / Jungen an der Theke ein bisschen näher kommen möchtest?

3. Finde heraus…

… an welchen U-Bahn Haltestellen du aussteigen musst, wenn du folgende Londoner Sehenswürdigkeiten besuchen möchtest? Frage deine Gastfamilie oder schaue ins Internet (z. B. auf www.tfl.gov.uk/tube)

1. Madame Tussaud's (Wachsfigurenkabinett)
2. Kensington Palace (ehemaliger Wohnsitz von Prinzessin Diana)
3. Shakespeare's Globe Theatre
4. 10 Downing St. (Residenz vom Premierminister)

Lösungen:
1. alight, board, change, coach, fare, gap, platform, return, single, underground
2. 1. A pint of lemonade, please. 2. Can I have my jacket, please? It's a denim one. 3. And have one yourself. 4. Is it Ladies Night tonight? 5. z. B. Can I buy you a drink?
3. 1. Baker St., 2. High St. Kensington, 3. Mansion House, 4. Westminster

Währung

Die offizielle Währung in Großbritannien ist *British Pound Sterling (GBP)*. 100 *pence (p* [piː]*)* sind ein *pound (£)*. 1p, 2p, 5p, 10p, 20p, 50p, £1 und £2 sind die Münzen *(coins / change)*. Es gibt £5, £10, £20 und £50 Scheine *(notes)*. Ein Pfund entspricht in etwa € 1,50. Also einfach immer die Hälfte vom Preis dazu rechnen, und du hast den ungefähren Europreis. Eine Umrechnungstabelle findest du im Anhang auf S. 84.

Banken und Geld wechseln

Die bekanntesten Banken sind Lloyds TSB, Barclays und Midland. Die meisten Filialen haben täglich von 09:30 bis 16.30 Uhr geöffnet. Mit einer EC Karte kannst du rund um die Uhr an den vielen Geldautomaten *(cashpoints / cash machines / ATMs)* Geld abheben. Wie viel du für deine Euros in einer Bank oder Wechselstube (Bureau de Change) bekommst, hängt vom Wechselkurs und von den Wechselgebühren *(commission* [kəˈmɪʃən]*)* ab. Diese können stark variieren und ein Vergleich lohnt sich. Bei der Post oder in einer der vielen Marks and Spencer Filialen wird meist keine Wechselgebühr verlangt *(commission free)*.

> Sei am Geldautomaten besonders aufmerksam und wedele nicht mit den Scheinen herum – die werden dir sonst schnell mal aus der Hand gerissen. Gelegenheit macht Diebe, auch in Großbritannien.

Reiseschecks (Traveller's Cheques)

Reiseschecks sind eine praktische und sichere Alternative zu Bargeld. Das Beste daran: gestohlene oder verlorene Schecks werden vom Aussteller innerhalb von 24 Stunden ersetzt. Die Schecks können in Banken, Wechselstuben, Reisebüros und Hotels (Vorsicht: teuer!) in Pfund gewechselt werden. Hier ein toller Tipp: wer Reiseschecks von einem Reiseveranstalter hat, kann sie auch in jedem Reisebüro des Veranstalters kostenlos einlösen.

Redewendungen – Phrases

Can I pay for this in euros?	Kann ich mit Euro bezahlen?
Could you change £20, please?	Könnten Sie bitte £20 klein machen?
I'd like to change these euros, please.	Ich würde gerne Euro wechseln.
What's the exchange rate today?	Wie ist heute der Wechselkurs?
What commission do I have to pay?	Wie hoch ist die Wechselgebühr?
I'd like to cash these traveller's cheques, please.	Ich möchte diese Reisechecks einlösen.
How would you like the money?	Wie hättest du gerne das Geld?
In small notes, please.	In kleinen Scheinen bitte.

Wörter – Words Umgangssprache – Slang words

cash	Bargeld	Quid [kwɪd] / Fiver / Tenner	£1.00 / £5.00 / £10.00
to get money out	Geld abheben	Cash* / dough* [dəʊ] / lolly* ['lɒli] / wonga*	Geld
travel agent	Reisebüro		
24/7	rund um die Uhr (24 Stunden täglich an 7 Tagen der Woche)		

Change kann sowohl *Kleingeld* als auch *Wechselgeld* bedeuten.

Obwohl Großbritannien an der europäischen Währungsunion nicht teilnimmt, wird der Euro (vor allem in London) in manchen Geschäften, Restaurants und sogar in einigen Telefonzellen akzeptiert.

Öffnungszeiten

Supermärkte sind montags bis freitags von 08:00 oft bis 22:00 Uhr, sonntags von 10:00 – 16:00 Uhr geöffnet. Größere Supermärkte haben manchmal sogar 24 Stunden auf. Kaufhäuser sind bis 18:00 Uhr geöffnet. Alle anderen Geschäfte haben montags bis samstags von 09:00 – 17:30 Uhr (oder etwas länger) geöffnet und sonntags von 10:00 – 16:00 Uhr. Kleinere Läden bleiben am Sonntag und an Feiertagen oft zu.

Wo kaufe ich was?

Supermärkte: Britische Supermärkte sind in der Regel riesig und verkaufen nicht nur Lebensmittel *(groceries)*, sondern auch Drogerieartikel *(toiletries* ['tɔɪlɪtriz]*)*, Kleidung *(clothing)* und Medikamente *(medication)*. Einige bekannte Supermarktketten sind u.a. Tesco, Asda, Co-op, Sainsbury oder Morrisons.

Kleidung: Die bekanntesten Klamottenläden sind u.a. Next, Gap, Zara, H&M, River Island, Topshop, New Look, Miss Selfridge und Dorothy Perkins.

Kaufhäuser *(department stores)*: Die gibt's in jeder Einkaufsstraße *(high street)* und heißen z.B. BHs, Marks and Spencer, Debenhams, John Lewis oder House of Fraser.

Drogerien *(chemists)*: Die bekanntesten heißen z.B. Boots oder Superdrug.

Buchläden: Bücher kauft man u.a. bei Books etc., Waterstones, Borders, Blackwells oder WH Smith.

Modeschmuck: Mode- und Haarschmuck gibt's u.a. bei Accessorize oder Claire's Accessories.

Multimedia: CDs, DVDs und Spiele findest du z.B. bei HMV, Virgin, FOPP, WH Smith oder Gamestation.

Zeitschriften und Schreibwaren findest du in jedem Supermarkt oder bei den newsagents. Comics gibt's in Buchläden oder speziellen Comicshops, wie z.B. Forbidden Planet.

> Die meisten o.g. Läden sind Teile einer Kette und deshalb in fast jeder Stadt zu finden.

Redewendungen – Phrases

How much is this reduced by?	Um wie viel ist dieser Artikel reduziert?
Is this in the sale / on special offer?	Ist das im Angebot?
Where's the perfume section, please?	Wo finde ich die Parfüm Abteilung bitte?
How much do you want for this?	Was hätten Sie gerne dafür?
I'll give you £5 for it?	Ich gebe Ihnen £5 dafür.
It's a deal.	Gebongt.

Günstige und Retro-Klamotten, sowie Bücher und Schmuck findest du überall in *charity* ['tʃærɪti] *shops* (von Wohltätigkeitsorganisationen geführten Second-Hand-Läden, z.B. Oxfam oder Sue Ryder), auf Straßenmärkten *(street markets)*, oder auf Flohmärkten *(flea markets* oder *car boot sales)*.

Wörter – Words

store / shop	Geschäft	sale	Schlussverkauf / Sonderangebot
chain	Kette	haggle	feilschen
retail ['ri:teɪl]	Einzelhandel	cheap	billig
retail therapy	Frustshoppen	reasonable ['ri:zənəbl·]	günstig (bedeutet aber auch „vernünftig")
own brand	eigene Marke	bargain ['bɑ:gɪn]	Schnäppchen
corner shop	Tante Emma Laden	car boot sale	Flohmarkt, auf dem Sachen aus dem Kofferraum verkauft werden.
shopping centre	Einkaufszentrum		

Einkaufen I

Preise

Preise variieren natürlich immer, aber die folgende Liste soll dir helfen, dich zu orientieren (Stand Jan. 2007):

Cola (2 Liter):	ca. £1.35	Shampoo:	ca. £2.00
Schachtel Zigaretten:	ca. £5.00	Musik-CD:	ca. £9.00
Bier (Sixpack):	ca. £4.00	DVD:	ca. £15.00
Taschenbuch:	ca. £7.50	Taschentücher (8 St.):	ca. 95p
Tampons (12 St.):	ca. £1.10	Zeitung:	ca. 50p
Deoroller:	ca. £1.50	Schokoriegel:	ca. 35p

Special Offers

Es lohnt sich auf jeden Fall, auf die vielen Angebote *(special offers)* in britischen Geschäften zu achten. Vor allem in Drogerien liest man häufig solche Schilder: *'Buy 2 get 1 free'* oder *'3 for 2'* (beim Kauf von zwei Produkten bekommst du das dritte Produkt gratis).

> Für alle Mädchen, hier ein Mini-Wörterbuch in Sachen Schminke *(make-up)*: Lippenstift = *lipstick*, Makeup = *foundation* [ˌfaʊnˈdeɪʃən], Rouge = *blusher*, Kajal = *eyeliner*, Lidschatten = *eye shadow*, Mascara = *mascara*, Nagellack = *nail varnish* [ˈneɪlˈvɑːnɪʃ].

Redewendungen – Phrases

Do you have this in size 10?	Haben Sie das in Größe 38?
It doesn't fit / suit me.	Es passt / steht mir nicht.
Could you gift wrap this for me, please?	Können Sie dies bitte als Geschenk einpacken?
I'd like to bring this back. / I'd like to exchange this.	Ich möchte dies zurückbringen / umtauschen.
Can I have my money back, please?	Kann ich mein Geld zurückhaben bitte?

> In Großbritannien gibt's andere Kleider- und Schuhgrößen. Eine Umrechnungstabelle findest du im Anhang auf S. 85.

Wörter – Words

save	sparen	faulty	defekt / fehlerhaft
reduced	reduziert	receipt [rɪˈsiːt]	Kassenbon
sale	Schlussverkauf	gift	Geschenk
voucher [ˈvaʊtʃər]	Rabattmarke / Gutschein	stain [steɪn]	Fleck
VAT	Mehrwertsteuer	changing rooms / fitting rooms	Umkleidekabinen

Einkaufen II

1. Shop till you drop!

Dieses Kreuzworträtsel hat mit Geld und Einkaufen zu tun.

Horizontal – Across

1. Lebensmittel
6. Keine Münze, sondern ein …
8. Vorsicht beim Geldwechseln! Das kann teuer werden.
9. Sparen, sparen, sparen!
11. Shampoo, Deo und Co. sind …
13. Anderes Wort für ‚billig'.
14. Bares!
15. Wohltätigkeitsorganisation

Vertikal – Down

2. Das Gegenteil von ‘*wholesale*' (Großhandel).
3. Ohne … kannst du nichts umtauschen.
4. £1 (Umgangssprache)
5. Hiermit bekommst du was billiger.
7. Aspirin, Paracetemol usw. heißen …
10. Hier bekommst du Medikamente.
12. Damit kommt Farbe ins Gesicht.

2. Was sagst du …

1. … wenn du etwas umtauschen willst? _____

2. … wenn du Geld wechseln möchtest? _____

3. … wenn du einen Geldautomat suchst? _____

4. … wenn du bestimmte Schuhe in der Größe 44 suchst? _____

5. … wenn die Verkäuferin das Geschenk einpacken sollte? _____

3. Finde das heraus …

Was verkaufen diese Geschäfte? Frage deine Gastfamilie oder suche die Einkaufspassagen durch!

1. Thomas Cook: _____
2. Currys: _____
3. MFI: _____
4. B&Q: _____
5. H. Samuel: _____
6. Clarks: _____
7. Monsoon: _____
8. Argos: _____

Lösungen:

1. Across: 1. groceries, 6. note, 8. commission, 9. save, 11. toiletries, 13. reasonable, 14. cash, 15. charity
Down: 2. retail, 3. receipt, 4. quid, 5. voucher, 7. medication, 10. chemists, 12. blusher

2. Mögliche Antworten sind: 1. Excuse me, I'd like to exchange this. 2. Can I change some Euros, please? 3. Excuse me, do you know where there's a cashpoint? 4. Have you got these in size 10, please? 5. Could you gift-wrap it for me, please?

3. 1. Thomas Cook – Urlaub, 2. Currys – Elektrogeräte, 3. MFI – Möbel, 4. B&Q – Heimwerkerbedarf, 5. H. Samuel – Schmuck, 6. Clarks – Schuhe, 7. Monsoon – Kleider, 8. Argos – fast alles außer Klamotten und Lebensmittel

999 – Der Notruf in Großbritannien

In Großbritannien gib es nur eine Notrufnummer *(emergency number)* für Polizei *(police)*, Krankenwagen *(ambulance)* und Feuerwehr *(fire)*: 999. Die Nummer kannst du von jedem Telefon, auch von jeder Telefonzelle aus, kostenlos anrufen. Du wirst zuerst gefragt, welchen Notdienst *(emergency service)* du benötigst. Dann musst du deinen Namen, Standort und Infos zu dem Vorfall durchgeben. In dringenden Fällen kannst du natürlich jederzeit die Notaufnahme im Krankenhaus *(hospital)* aufsuchen – sie heißt auf Englisch *A&E (Accident and Emergency)*.

Polizei

Dein Geldbeutel ist gestohlen worden? Verbrechen jeder Art kann man unter einer landesweiten Rufnummer der Polizei melden: 0845 8505505.

Ausweis weg?

In diesem Falle solltest du so schnell wie möglich die deutsche Botschaft informieren, sie stellen dir dann vor Ort vorläufige Papiere aus. Es kann einige Tage dauern, bis ein Ersatzausweis ausgestellt wird. Infos unter 0870 510 0420 (Pass- und Visastelle) oder www.london.diplo.de. Keine Sorge – dort wird deutsch gesprochen!

Falls du aus der Schweiz oder Österreich kommst, findest du Angaben zu deiner Botschaft im Anhang auf Seite 92.

Redewendungen – Phrases

What service do you require?
Welchen Notdienst benötigen Sie / benötigst du?

There's been an accident / assault [əˈsɔːlt].
Es ist ein Unfall passiert. / Es gab einen Überfall.

There's a fire at 55 Newmarket Road / Sainsbury's in Kingston Street.
Es brennt in der Newmarket Road 55 / beim Sainsbury's in der Kingston Street.

She's bleeding / not breathing.
Sie blutet / atmet nicht.

I'd like to report a crime.
Ich möchte ein Verbrechen melden.

My wallet / purse [pɜːs] has been stolen.
Mein Portemonnaie ist gestohlen worden.

> Man gibt zuerst die Hausnummer oder das Gebäude an und dann erst den Straßennamen.

Wörter – Words

injured [ˈɪndʒəd] / hurt	verletzt
(un)conscious [ʌnˈkɒnʃəs]	bewusstlos / bei Bewusstsein
first aid	Erste Hilfe
police station	Polizeiwache

NOTFÄLLE

Was darf man, und was nicht?

Erst mit 18 darf man in Großbritannien Alkohol kaufen und trinken. Mit 14 darfst du zwar in eine Kneipe *(pub)* reingehen, aber nur in Begleitung eines Erwachsenen und auch mit Begleitung bekommst du keinen Alkohol. Zigaretten kaufen und rauchen darfst du erst ab 16. Drogen (auch Cannabis) sind in Großbritannien illegal und Missbrauch wird hart bestraft. Sexuelle Kontakte aller Art mit Menschen unter 16 sind illegal. Waffen (dazu gehören auch Klappmesser) und Abwehrmittel, wie z. B. Pfefferspray, sind ebenfalls verboten.

Bobbies

Polizisten in Großbritannien tragen eine blaue Uniform (was ihnen ihren Spitznamen *'boys in blue'* (Jungs in blau) verleiht. Sie sind meistens nett, hilfreich und unbewaffnet – sie tragen lediglich einen Schlagstock *(baton* ['bætən]). Übrigens, du solltest dich ihnen gegenüber *nicht* frech verhalten – da verstehen sie keinen Spaß.

Deine Sicherheit

Sei einfach vernünftig: Pass gut auf dein Handy und deinen Geldbeutel auf – es gibt viele *pickpockets* (Taschendiebe), vor allem in den beliebten Touristenzielen. Falls du Geld von einem Bankautomat abheben musst, sei vorsichtig, dass niemand deine PIN-Nummer mitbekommt (passiert oft). In Kneipen und auf Partys sollten vor allem Frauen darauf achten, dass ihnen niemand etwas (sprich Drogen) in ihre Getränke schütten kann.

Und es klingt vielleicht blöd, aber denke daran, dass du zuerst nach *rechts* schauen musst, wenn du die Straße überquerst!

Redewendungen – Phrases

Can you give me some proof of your age?
  Kannst du mir bitte dein Alter nachweisen?

I'm afraid I'm not allowed to serve you.
  Tut mir leid – ich darf dich nicht bedienen.

I'm sorry but I've left my ID at home.
  Entschuldigen Sie, ich habe meinen Ausweis zu Hause vergessen.

 Denk dran:

You *mustn't* do that. =
Du *darfst* das nicht tun.

You don't *have to* do that. =
Du *musst* das nicht tun.

Sicherheitsmaßnahmen für Kinder und Jugendliche spielen in Großbritannien eine große Rolle. Deshalb gibt es verschiedene Regeln und Richtlinien, die vieles rund um die Schule, bei Schulausflügen und auch in Gastfamilien betreffen. Dabei geht es darum, Risiken und Gefahrenbereiche einzuschätzen *(risk assessment)* und möglichst zu minimieren. Und natürlich sind gesundheitliche Belange und der Schutz von Minderjährigen in der Obhut von Erwachsenen *(child protection)* enorm wichtig.

Du musst natürlich nicht alle Regeln kennen, aber es ist schon gut, wenn du dir dieser Dinge bewusst bist und dich an die Vorgaben und Regeln der Schule und der Gastfamilie hältst.

Gesetze und Polizei

NHS

Der *NHS (National Health Service)* ist Großbritanniens Gesundheitsdienst. Er unterhält alle staatlichen Krankenhäuser und Ärzte. Als EU Mitglied stehen dir ärztliche Dienste kostenlos zu. Lass dich von den vollen Wartezimmern und veralteten Geräten nicht abschrecken. Es fehlt zwar an Geld, aber die Ärzte selber sind sehr kompetent. Übrigens, der NHS bietet eine Hotline für alle Gesundheitsfragen – sehr nett, sehr kompetent: 0845 4647 oder www.nhsdirect.nhs.uk.

Apotheken

Verschreibungspflichtige und rezeptfreie Medikamente *(prescription and non-prescription drugs)* sowie kostenlose Ratschläge erhältst du in Großbritannien in so genannten *chemists* oder *pharmacies* (Apotheken). Und ja, du hast richtig gelesen: Das Wort *drugs* benutzt man in Großbritannien für Medikamente und Drogen! Apotheken in Großbritannien sehen eher aus wie Drogerien; sie verkaufen oft alles von Schminke bis zu Sandwiches und werden mit einem grünen Kreuz gekennzeichnet. Die bekanntesten heißen Boots und Superdrug und manche sind bis Mitternacht geöffnet. Mittlerweile haben auch viele größere Supermärkte (z. B. Tesco, Sainsbury's und Morrisons) *pharmacies,* die bis spät geöffnet sind.

Außerdem findet man Schmerzmittel & Co. an ganz normalen Tankstellen (zum Teil rund um die Uhr geöffnet) oder an Kiosken *(newsagents)*. Hier ist aber die Abgabemenge stark beschränkt.

Redewendungen – Phrases

Do you know where I can find a 24 hour chemist?
Wissen Sie, wo ich eine Notapotheke finde?

Do I need a prescription to buy these tablets?
Sind diese Tabletten rezeptpflichtig?

I'm allergic to cats / house dust.
Ich habe eine Katzen-/Hausstauballergie.

Have you got a homeopathic ['həʊmiəʊpæθɪk] remedy for this?
Haben Sie ein homöopathisches Mittel dagegen?

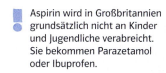

Aspirin wird in Großbritannien grundsätzlich nicht an Kinder und Jugendliche verabreicht. Sie bekommen Parazetamol oder Ibuprofen.

Wörter – Words

prescription	Rezept	stomach ache ['stʌmək'eɪk]	Bauchschmerzen
painkiller	Schmerzmittel	ear-ache	Ohrenschmerzen
suppository	Zäpfchen	sore throat [sɔːr θrəʊt]	Halsschmerzen
capsule	Kapsel	a bad cold	eine starke Erkältung
(soluble ['sɒljəbl]) tablet	(lösliche) Tablette	flu	Grippe
headache ['hedeɪʃ]	Kopfschmerzen	constipation [ˌkɒnstɪ'peɪʃən]	Verstopfung
lozenge ['lɒzɪnð]	Lutschtablette / Hustenbonbon / Pastille	diarrhoea ['daɪə'rɪə]	Durchfall

Gesundheit I

What seems to be the problem? Was fehlt dir?

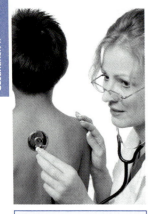

Es gibt in England keine Praxisgebühr.

> Solltest du besondere gesundheitliche, medizinische oder sonstige Bedürfnisse haben, teil sie unbedingt im Vorfeld schon deinen Betreuern und deiner britschen Gastfamilie mit.

Falls du einen Arzt *(doctor)* aufsuchen musst, gehst du immer zuerst zu einem *GP (General Practitioner* – Allgemeinarzt*)*, der dich dann, wenn nötig, an einen Facharzt *(specialist)* überweist. Ärzte haben tägliche Praxiszeiten *(surgery hours* [ˈsɜːðʳriˈaʊəz]*)* und man sollte in den meisten Fällen einen Termin *(appointment)* im Voraus machen. Du meldest dich bei der Rezeption *(reception)* und wirst dann aufgerufen.

Es kann sein, dass dir der Arzt nach einer Untersuchung *(examination)* ein Rezept *(prescription* [prɪˈskrɪpʃən]*)* ausstellt, das du dann bei einer Apotheke *(chemists / pharmacy)* einlösen kannst.

Falls du nach deiner Größe *(How tall are you?)* oder deinem Gewicht *(How much do you weigh?)* gefragt wirst, kannst du das in cm und kg angeben, auch wenn *feet* und *stones* geläufiger sind. Einen kleinen Überblick findest du im Anhang auf Seite 86.

Es kann auch sein, dass du gefragt wirst, ob du Fieber hast *(Have you got a temperature?)* – und auch das wird oft nicht in Celsius, sondern in Fahrenheit angegeben (s. auch Anhang Seite 87).

Redewendungen – Phrases

I suffer from …	Ich leide an …
I have a pain in my / My … hurts.	Ich habe Schmerzen im … / Mein … tut weh.
I've had … for a few days now.	Ich habe schon seit einigen Tagen …
I feel dizzy ['dɪzi].	Mir ist schwindelig.
I think I've sprained [spreɪnd] my wrist.	Ich glaube, ich habe mir das Handgelenk verstaucht.
I've twisted my ankle.	Ich bin mit dem Fuß umgeknickt.
Could you just remove your top / trousers, please?	Mach dich bitte oben / unten frei.
I just need to take your pulse [pʌls] / blood pressure.	Ich muss deinen Puls / deinen Blutdruck messen.
I need to take blood. / I need a urine sample.	Ich muss Blut abnehmen. / Ich benötige eine Urinprobe.
Are you allergic [əˈlɜːðɪk] to anything?	Hast du irgendwelche Allergien?
Have you been treated for this before?	Ist das schon mal behandelt worden?
Are you on any medication / Are you taking any medication / medicine?	Nimmst du zurzeit Medikamente ein?

Gesundheit II

1. Der Körper
Trage die englischen Begriffe ein.

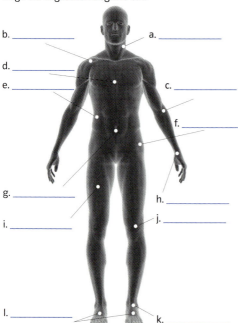

b. _____
d. _____
e. _____
a. _____
c. _____
f. _____
g. _____
h. _____
i. _____
j. _____
l. _____
k. _____

2. Übersetz mal

1. Mein MP3-Spieler wurde gestohlen.
2. Du darfst nicht alleine zu Fuß nach Hause gehen.
3. Ich hätte gern Kopfschmerztabletten.
4. Könnte ich heute Nachmittag einen Termin bekommen?
5. Ich habe seit zwei Tagen Bauchschmerzen.

3. Finde das heraus...

Unten findest du eine Liste wichtiger britischer Telefonnummern. Einige findest du in diesem Buch. Die anderen musst du selber herausfinden. Frage deine Gastfamilie oder schaue in das Telefonbuch.

1. Notruf: _____
2. Rufnummer der Polizei: _____
3. NHS Direct: _____
4. Deutsche Botschaft: _____
5. Auskunft (National): _____
6. Vorwahl für Deutschland: _____
7. Zeitansage *(speaking clock)*: _____
8. Vorwahl für Glasgow: _____
9. Auskunft National Rail: _____
10. Taxinummer in deiner Stadt: _____
11. Pizzaservice: _____
12. Nummer deiner Gastfamilie: _____

Lösungen:

1. a. throat (Hals innerlich) oder neck (Hals äußerlich), b. shoulder, c. elbow, d. chest, e. waist, f. hip, g. stomach, h. wrist, i. thigh, j. knee, k. ankle, l. feet.

2. Mögliche Antworten sind:
1. My MP3 player has been stolen.
2. You mustn't walk home alone.
3. I'd like some headache tablets / painkillers, please.
4. Could I have an appointment this afternoon?
5. I've had stomach ache for the past two days.

3. 1. Notruf: 999, 2. Rufnummer der Polizei: 0845 8505505, 3. NHS Direct: 0845 4647, 4. Deutsche Botschaft: 0870 510 0420, 5. Auskunft (National): 118 500, 6. Vorwahl für Deutschland: 0049, 7. Speaking Clock: 123, 8. Vorwahl für Glasgow: 0141, 9. Auskunft National Rail: 08457 484950;
10, 11, 12: für diese Nummern können wir natürlich keine Lösung vorgeben.

Quiz VIII

€ Euro – £ Pound / £ Pound – € Euro

€ 0,25	= ca. 17p	£ 0.25	= ca. € 0,37
€ 0,50	= ca. 34p	£ 0.50	= ca. € 0,74
€ 1,00	= ca. 68p	£ 1.00	= ca. € 1,48
€ 2,00	= ca. £1.35	£ 2.00	= ca. € 2,95
€ 5,00	= ca. £3.38	£ 5.00	= ca. € 7,38
€ 10,00	= ca. £6.77	£ 10.00	= ca. € 14,77
€ 20,00	= ca. £13.54	£ 20.00	= ca. € 29,53
€ 50,00	= ca. £33.86	£ 50.00	= ca. € 73,84

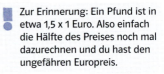

Zur Erinnerung: Ein Pfund ist in etwa 1,5 x 1 Euro. Also einfach die Hälfte des Preises noch mal dazurechnen und du hast den ungefähren Europreis.

Stand: Januar 2007

Kleidergrößen

Männergrößen werden meist in S, M, L angegeben.
Bei Frauengrößen gilt:

Deutschland	34	36	38	40	42	44
GB	6	8	10	12	14	16

> Die meisten Klamotten sind mit den Größen XS, S, M, L und XL ausgezeichnet oder haben die europäischen Entsprechungen auch auf dem Etikett.

Schuhgrößen

Damen

Deutschland	35	36	37	38	39	40	41
GB	2½	3½	4	5	6	7	7½

Herren

Deutschland	39	40	41	42	43	44	45
GB	6	6½	7½	8	9	9½	10½

Größen und Gewichte

Offiziell misst man in Großbritannien wie auch bei uns im metrischen und im dezimalen System, aber die so genannten Imperial Standards werden nach wie vor im Alltag benutzt.

1 inch = 2,54 cm

1 foot (12 inches) = 30,48 cm

1 yard (3 feet) = 91,44 cm (wird z. B. bei Weitsprung und Wegbeschreibungen benutzt)

1 mile (1760 yards) = 1,609 km

Körpergrößen werden immer noch in feet und inches angegeben. Also jemand, der 6 feet 5 (inches) groß ist, ist 195,58 cm groß. Wie groß bist du? Hier eine Überblickstabelle. Du kannst deine genaue Größe natürlich selbst ausrechnen.

1,55 m	5.1 (five foot one)
1,60 m	5.2
1,65 m	5.4
1,70 m	5.5
1,75 m	5.7

Gewicht wird zwar auch offiziell in Kilogramm und Gramm angegeben, aber auch hier werden dir immer wieder ounces und pounds begegnen. Vorsicht: ein englisches pound ist etwas weniger als ein deutsches Pfund.

1 stone = 14 (englische) pounds = 6,35 kg

1 pound = 16 ounces = 453,59 g

1 ounce = 28,35 g

Flüssigkeiten

Flüssigkeiten *(liquids)* werden in Großbritannien inzwischen auch in Litern *(litres)* angegeben. Einzige Ausnahme bilden gezapfte Getränke und Milch. Die kauft man immer noch in *pints*.

1 pint entspricht ca. 568 ml (also etwas mehr als einem halben Liter).

In Kneipen und Restaurants bestellt man Getränke als *pint*, *half* oder *bottle*:

Could I have a pint / half / bottle of water, please?
  Kann ich bitte ein großes / kleines / eine Flasche Wasser bekommen?

Im Takeaway oder Fastfood Restaurant bestellt man Getränke eher als *small / medium / large*.

Temperaturen (Celsius – Fahrenheit)

Die Temperaturen werden in ‚Fahrenheit' und Celsius angegeben. Bei den meisten Wettervorhersagen wird netterweise beides gesagt. Falls du Fieber hast, kommt es auf das Thermometer an, mit dem du die Temperatur misst. 0 Grad Celsius entsprechen 32 Grad Fahrenheit (Gefrierpunkt, *freezing point*). 37 Grad Celsius entsprechen 98,4 Grad Fahrenheit (Körpertemperatur, *body temperature*). Die Klimaanlage stellt man am besten auf 65 bis 68 Grad Fahrenheit ein, das sind 18 bis 20 Grad Celsius. Hier ist eine Umrechnungstabelle, damit du dich schneller zurecht findest:

°C:	-5	-3	0	5	10	15	20	25	30	37	38	39	40
°F:	23	26	32	41	50	59	68	77	86	98,4	100,4	102,2	104

Bank Holidays 2007 und 2008

Hier sind die gesetzlichen Feiertage für 2007 und 2008. Das sind schul- und arbeitsfreie Tage.

Feiertag	2007	2008
New Year's Bank Holiday	1st January (Monday)	1st January (Tuesday)
Good Friday Bank Holiday (Karfreitag)	6th April	21st March
Easter Monday Bank Holiday (Ostermontag)	9th April	24th March
May Day Bank Holiday	7th May (Monday)	5th May (Monday)
Spring Bank Holiday	28th May (Monday)	26th May (Monday)
August Bank Holiday	27th August (Monday)	25th August (Monday)
Christmas Day Bank Holiday (1. Weihnachtsfeiertag)	25th December (Tuesday)	25th December (Thursday)
Boxing Day Bank Holiday (2. Weihnachtsfeiertag)	26th December (Wednesday)	26th December (Friday)

Nützliche Redewendungen

Wie geht's Dir?	How are you?
Danke gut. Und Dir?	Fine thanks, and yourself?
Alles in Ordnung?	Everything ok?
Bist du böse auf mich?	Are you angry with me?
Habe ich 'was falsches getan?	Have I done something wrong?
Hast du gut geschlafen?	Did you sleep well?
Wie war dein Tag?	How was your day?
Mir geht's nicht so gut.	I'm not feeling very well.
Ich glaube, ich muss zum Arzt.	I think I'd better go to the doctor's.
Ich habe Heimweh.	I'm homesick.
Das verstehe ich nicht.	I don't understand that.
Ich verstehe nicht, was los ist.	I don't understand / get what's going on.
Das habe ich nicht gehört.	I didn't hear that.
Kannst du das noch mal sagen?	Can you say that again?
Was hat er gerade gesagt?	What did he just say?
Was ist los?	What's going on?
Was ist mit dir los?	What's wrong with you?
Bitte schön.	You're welcome.

Tut mir leid, aber das gefällt / schmeckt mir nicht.	I'm sorry, but I don't really like this.
Ich bin (ziemlich) satt.	I'm (quite) full.
Ich bin vollgefressen.*	I'm stuffed.*
Ich hab die Schnauze voll davon.*	I'm fed up with this.
Kann ich dir Gesellschaft leisten?	Can I keep you company?
Das hab ich wohl falsch verstanden.	I'm afraid I misunderstood.
Hast du mal ein Taschentuch für mich?	Have you got a tissue for me?
Gesundheit!	Bless you.
Das was nicht meine Absicht. / Das wollte ich nicht.	That wasn't my intention. / I didn't mean to do that.
Das war ein Versehen / nicht absichtlich.	That was an accident / not intentional.
Macht nichts.	Doesn't matter. / It's ok.
Das ist mir egal.	I don't mind.
Entschuldigung.	Excuse me.
Tut mir leid.	Sorry.
Verzeihung.	Pardon.
Schlaf gut.	Sleep well.
Vielen Dank für alles.	Thank you for everything.
Ich werde dich vermissen.	I'll miss you.

Linkliste und Adressen

Wörterbuch:	www.pons.de
Landesinformationen:	www.visitbritain.com; www.britishcouncil.de; www.the-voyage.com/d/infostand/index.html
National Rail:	www.nationalrail.co.uk
Reisebusse:	National Express: www.nationalexpress.co.uk und Stagecoach: www.stagecoach.co.uk
Krankenkasse:	www.nhsdirect.nhs.uk
Billiger Telefonieren:	z. B. Telediscount: www.telediscount.co.uk und Justphone: www.justcallthrough.co.uk
Suchmaschine:	(um im Internet Infos zur Schule, dem Ort zu finden) z. B. www.google.de
Deutsche Botschaft in GB:	www.london.diplo.de/Vertretung/london/de/Startseite.html

Adresse in London	Adresse in Edinburgh
Embassy of the Federal Republic of Germany	Consulate General of the Federal Republic of Germany
23 Belgrave Square	16 Eglinton Crescent
London	Edinburgh
SW1X 8PZ	EH12 5DG
Tel. +44 (0)20 / 7824 1300	Tel. +44 (0)131 / 337 2323
Fax +44 (0)20 / 7824 1449	Fax +44 (0)131 / 346 1578

Ansprechpartner für deutsch-britische Schul- und Jugendbegegnungen:

UK-German Connection
34 Belgrave Square
London
SW1X 8QB
Tel. +44 (0)20 7824 1570
www.ukgermanconnection.org

Österreichische Botschaft in GB	Schweizer Botschaft in GB
18 Belgrave Mews West	16-18 Montagu Place
London	London
SW1X 8HU	W1H 2BQ
Tel. +44 (0)20 7344 3250	Tel. +44 (0)20 7616 6000
www.bmaa.gv.at/london	www.eda.admin.ch/eda/de/home.html

Britische Botschaft in Deutschand	Britische Botschaft in Österreich	Britische Botschaft in der Schweiz
Britische Botschaft	British Embassy Vienna	British Embassy
Wilhelmstraße 70-71	Jaurèsgasse 10	Thunstrasse 50
D-10117 Berlin	A-1030 Wien	CH-3005 Bern
Tel. +44 (0)30 / 20457-0	Tel. +43 (0)1 / 71613-5151	Tel. +41 (0)31 / 359 77 0
www.britischebotschaft.de	www.britishembassy.at	www.britain-in-switzerland.ch

Stand Links und Adressen: Januar 2007

Für dich wichtig!

Dein Anreisetag: _____

Deine Gastfamilie

Adresse: _____

Telefonnummer: _____

E-Mail: _____

Deine Schule in GB

Name: _____

Adresse: _____

Website: _____

Deine neuen englischen Freunde

Name	Adresse	Telefonnummer	E-Mail

Dein Abreisetag: _____

EINFACH NACHSCHLAGEN ...

PONS EXPRESSWÖRTERBUCH ENGLISCH

Englisch-Deutsch/Deutsch-Englisch

Schnell nachschlagen – leicht lernen
- Zahlreiche Hilfestellungen und Erklärungen zum Wort
- Neubearbeitung mit 77.000 Stichwörtern und Wendungen und rund 100.000 Übersetzungen
- Enthält den Wortschatz aller Englischschulbücher
- Einfaches Nachschlagen durch schülerfreundliches Layout
- Viele Infokästen zu Grammatik und typischen Fehlerquellen
- Farbige Bildseiten, Landkarten und Infokästen zu Großbritannien
- Zahlreiche Zeichnungen helfen Fehler zu vermeiden
- Extras: Minigrammatik, Verbtabellen und vieles mehr
- Gemäß der Rechtschreibreform 2006
- Ideal für den Einstieg ins Englischlernen

Format: 15,2 x 20,6 cm. Rund 1.100 Seiten.

ISBN: 978-3-12-**517026**-1

PONS

www.pons.de

... UND ÜBEN!

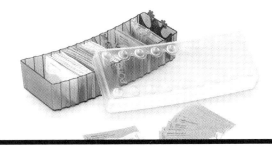

PONS ENGLISCH IM HANDUMDREHEN
LERNBOX MIT VOKABELKARTEN
Trendy: PONS Lernboxen designed by Koziol©
– Made in Germany

Die witzige grüne, gelbe und rote Figur hilft dir, die noch zu lernenden Vokabeln von denen, die bereits sitzen zu trennen: so lernst du schnell und leicht!

- 3-Stufen-System für sicheren Lernerfolg: von Lehrern empfohlen!
- Topaktueller Wortschatz passend zu Lehrplänen und zum europäischen Referenzrahmen
- Grundwortschatz: für Schüler im 1. - 2. Lernjahr
  Aufbauwortschatz: für Schüler im 3. Lernjahr
- Rund 3.000 Wörter und Beispielsätze auf übersichtlichen Lernkarten
- Jede Vokabel mit Angaben zu Lernjahr, Lautschrift und Übersetzung
- Hochwertige, stapelbare und strapazierfähige Kunststoffbox

Format: 24 x 9 x 8 cm (L x B x H)
Kunststoffbox in transparenter Umverpackung

Grundwortschatz **ISBN:** 987-3-12-**561285**-3
Aufbauwortschatz **ISBN:** 978-3-12-**561286**-0

www.pons.de

Bildnachweis

Seite 8 Karte UK: istockphoto.com

Seite 10 Union Jack: istockphoto.com / Stefan Klein

Seite 12 Karte Deutschland: fotolia.de / Hans Auer

Seite 14 London Eye: fotolia.de / Peter Rowley

Seite 15 Trafalgar Square: istockphoto.com / Andrew Chambers

Seite 16 Stonehenge: istockphoto.com

Seite 17 Windsor Castle: istockphoto.com / Ian Poole

Seite 20 Wasserhahn: istockphoto.com

Seite 22 Dartscheibe: istockphoto.com / Tim Starkey

Seite 24 Nasepopeln: istockphoto.com / Nick Claeboe

Seite 30 Englisches Frühstück: istockphoto.com / Andy Green

Seite 35 Chipshop: Benjamin Böhm, Tübingen

Seite 38 Schild: istockphoto.com / Mark Richardson

Seite 46 Briefkasten: istockphoto.com / Stephen Rees

Seite 49 Telefon-Display: Benjamin Böhm, Tübingen

Seite 52 Fernbedienung: istockphoto.com / Karim Hesham

Seite 61 Zug: istockphoto.com / Adrian Lindley

Seite 63 Mind the gap: istockphoto.com / Chelsea Ramsey

Seite 66 Geld: istockphoto.com / Martin Bowker

Seite 70 Quittung: istockphoto.com / Sondra Paulson

Seite 74 Krankenwagen: Benjamin Böhm, Tübingen

Seite 76 Polozisten: istockphoto.com / George Cairns

Seite 78 Apothekenkreuz: istockphoto.com / Duncan Walker

Seite 80 beim Arzt: istockphoto.com

Seite 82 Körper: istockphoto.com

Wörter, die unseres Wissens eingetragene Warenzeichen / Marken darstellen, sind als solche gekennzeichnet. Es ist jedoch zu beachten, dass weder das Vorhandensein noch das Fehlen derartiger Kennzeichnungen die Rechtslage hinsichtlich eingetragener Warenzeichen / Marken berührt. Diese Warenzeichen / Marken sind Eigentum der jeweiligen Inhaber. Die Nennung solcher Warenzeichen / Marken sowie die Nennung bestimmter Geschäfte und Internetlinks ist beispielhaft und stellt keine Empfehlung der Redaktion dar.